Hans Schaller
Im Labyrinth meines Lebens

topos taschenbücher, Band 756

Hans Schaller

Im Labyrinth meines Lebens

Von Umwegen, die weiterführen

topos taschenbücher

Verlagsgemeinschaft topos plus
Butzon & Bercker, Kevelaer
Don Bosco, München
Echter, Würzburg
Lahn-Verlag, Kevelaer
Matthias-Grünewald-Verlag, Ostfildern
Paulusverlag, Freiburg (Schweiz)
Friedrich Pustet, Regensburg
Tyrolia, Innsbruck

Bibliografische Information der Deutschen Nationalbibliothek
Die Deutsche Nationalbibliothek verzeichnet diese Publikation in der
Deutschen Nationalbibliografie; detaillierte bibliografische Daten
sind im Internet über http: // dnb.d-nb.de abrufbar.

2011 Verlagsgemeinschaft **topos** plus, Kevelaer
Das © und die inhaltliche Verantwortung liegen beim
Matthias-Grünewald-Verlag, Ostfildern

Einband- und Reihengestaltung | Finken & Bumiller, Stuttgart
Umschlagabbildung | www.photocase.de / aussi97
Herstellung | Pustet, Regensburg
Printed in Germany

Topos ISBN: 978-3-8367-0756-5

www. toposplus.de

Inhalt

Vorwort

Wie es zu diesem Buche kam? – Es gab eine Vorlage, auf die ich mich bezog und die mir als Ausgangspunkt diente, eine Veröffentlichung aus dem Jahre 1990, also vor 20 Jahren: »Ja zu meinen Umwegen«. – Das Thema war damals aktuell, für mich und die damalige Zeit. Und wie der Lauf der Jahre sich entwickelt und gestaltet, scheint dieses Thema nichts an Dringlichkeit verloren zu haben. Die brüchigen und schnellen Lebensverhältnisse bringen uns in wachsendem Maße in kürzere und längere Versuchs- und Umwege hinein. Das Gefühl, sich in einem Labyrinth, einem Durcheinander von Kurven und Engpässen zu befinden, ist nicht unbekannt. Die Frage nach Auswegen, die wirklich weiterführen, nach langfristigen Loyalitäten, tragenden Optionen hat sich verstärkt.

So wurde das, was vor 20 Jahren geschrieben wurde, erneut hervorgeholt. Aber je weiter die Bearbeitung vorankam, umso stärker erwies sich das Geschriebene als gestrig, als Zeilen von früher. Es blieb schließlich kein Stein auf dem anderen. Zwar ist der Grundgedanke vom Sinn und Unsinn der Umwege geblieben. Er zieht sich hindurch, von Anfang bis zum Ende. Allerdings erfährt er eine nicht unwesentliche Änderung. Es ist weniger die Rede von den selbst verschuldeten Irrwegen, den Entgleisungen, an deren Ursprung wir selber sind; vielmehr sind es die von außen gewiesenen Umwege des Leidens, die ins Zentrum rücken. »Das Geführtwerden, wohin man nicht will.«

Diese neue Linie der Gedanken entstand nicht einfach aus Zufall oder gar aus Willkür. Es war das Leben selbst, das sie diktierte. Ein Unfall nämlich, der in seiner Folge eine große Zäsur in mein Leben riss, brachte mich mit den Problemen physischer und psychischer Schmerzen, mit Sinn und Unsinn des Leidens in Kontakt. Kopf und Herz mussten sich da neu zurechtfinden. – So war es nicht bloß nahe liegend, sondern unvermeidlich, dass bei dieser Wiederaufnahme früherer Gedanken ein Stück Biografie verarbeitet wurde. Zwar hatten alle meine vorausgehenden Veröffentlichungen schon immer eine biografische Note. Wer nur ein wenig zwischen den Zeilen zu lesen verstand, konnte merken, was sich im Hintergrund abspielte, was mich freute und quälte. Was mich beschäftigte, wurde vielfach schreibend behandelt. So waren Publikationen oft diskrete, mehr oder weniger deutlich verschleierte Bekenntnisse.

Auch hier! Wer liest, nimmt teil, sieht mit an, was Leiden verursacht, wie seine zerstörerische Macht um sich greift, es eindringt bis zur Substanz des Selbstbewusstseins, es schließlich Fundamente des Glaubens erschüttert. Er wird aber auch Zeuge davon, wie Leid ein Leben festigen und klären kann, wie hinter den Bruchstellen des Lebens Markierungen und neue Richtungsanzeigen entdeckt werden. Ja, ganz allgemein: wie im Sterben neues Leben anhebt und wie im Zwang, loszulassen, Gott nicht selten eine neue Zukunft vorbereitet.

Zum Schluss: Auch das Schreiben über Umwege folgt dem Gesetz der Umwege. Da gibt es lange, unnütz scheinende Zeiten, wo Formulierungen versucht und wieder verworfen werden; Pausen, in denen es weder vorwärts- noch rückwärtszugehen scheint, auch persönliche Verunsicherung und Entmutigung. Umso dankbarer ist man auf solchen Wegen des Redigierens für eine Sekretärin, die das Ziel nicht aus den Augen verliert und zur Geduld mahnt. So sei Frau Susanna Curtoni, die alle Phasen des Entstehens dieser Zeilen mitgegangen ist, herzlich gedankt.

Fribourg, am Fest der Teresa von Avila, 15. Oktober 2010
P. Hans Schaller SJ

Von den Umwegen des Leidens

Nicht selten ist es Leid, sind es seelische und leibliche Schmerzen, die uns das Leben wie ein sinnloses Labyrinth erscheinen lassen. Wir fühlen uns wie in einem Irrgarten, der unübersichtlich ist und in dem wir uns selber nicht auskennen. Nicht in den verschlungenen Pfaden des eigenen Herzens, nicht im Kreuz und Quer der äußeren Wege. Wir fühlen uns von fremden Mächten geleitet, werden auf Wege geführt, die wir nicht eigentlich wollen. So will uns scheinen.

Wo Gott voraussieht, entsteht Weite

Vielfach sind es solche Zeiten, in denen das Leben unübersichtlich und leidvoll geworden ist, die uns zu tieferem Nachdenken bringen. Das Leben selber erobert sich dafür Raum, diktiert die Fragestellung. Es möchte wissen, welchen Gesetzen es denn folgt und untertan ist. Wo liegt der Plan, wenn es einen solchen gibt? Wo das Gesetz, das die Wege vorschreibt?

Wenn wir zurückschauen ...

Wer immer mit offenem Sinn, ohne schwarzmalerisch und pessimistisch zu sein, in sein eigenes vergangenes Leben hineinschaut, wird sich gewiss gelungener Zeiten erinnern, wird Dinge finden, an die er gerne denkt und für die er dankbar ist. Viel Positives wird zu notieren sein: Initiativen, persönliche und gemeinsame, die gelungen sind, Unternehmungen, die fruchtbar wurden und weitergehen, Begegnungen, die das Leben freudig und hell gemacht haben. Da sind Früchte gereift, Familien herangewachsen, die sich sehen lassen können, da gibt es berufliche Erfolge und nicht zuletzt Freundschaften, die auch in schwierigen Zeiten getragen haben.

Mag zahlreich sein, was da positiv bilanziert wird und was das Herz erfreut, dem ehrlichen Beobachter wird doch nicht all das entgehen, was nicht nach Herzenswunsch gelungen ist, was anders hätte sein können. So vieles, was gut begonnen hat, konnte nicht vollendet werden und gar manches ist danebengegangen. Dazu all das, was nur mit halbem Herzen angepackt wurde und was sich in der Rückschau als schräg und verkehrt und dumm herausstellt. Wer ehrlich in seine Biografie schaut, kennt gewiss das Gefühl von Stolz, mit dem er über zielsichere und gerade Wege hinschaut, kennt aber auch das Bedauern, ja die Reue über gemachte Umwege, über Versprechen, die nur halb oder gar nicht gehalten werden konnten. So vieles wurde in Aussicht gestellt und versprochen und konnte doch nicht eingelöst werden. Es bleiben die vielen guten Dinge, die wir hätten tun können, aber nicht getan haben, das Vakuum von Liebe und Vertrauen, das Schweigen, wo wir hätten reden sollen, die versagte Hilfe in einem Notfall, die nicht gesprochenen Worte der Ermutigung, das zurückgehaltene Lob. So vieles blieb auf der Strecke, so vieles aber auch wurde eingesetzt und hat nicht das gebracht, was man erhoffte.

Es wird nicht ganz leicht sein, diese Bilanz und das damit verbundene Bedauern oder gar den Tadel zu überhören oder zum Schweigen zu bringen. Zudem ist es nicht jedermanns Sache, in die stolze und so leicht gesungene Melodie von Edith Piaf einzustimmen: »Je ne regrette rien …« (Ich bedaure nichts). Wer könnte bei ganz ehrlicher Selbstbetrachtung von sich selbst behaupten, er sei innerlich frei und über jede Art von Selbstzweifeln erhaben?

Niemandem wird wahrscheinlich erspart bleiben, mit den größeren und kleineren Enttäuschungen, die das Leben wie auch das eigene Verhalten mit sich bringen, zurechtzukommen. Die einen schaffen es besser, die anderen schlechter. Man ist auf jeden Fall gut beraten, sich eine minimale Toleranz anzueignen, um sich nicht an den Ecken und Kanten des Lebens wund zu reiben. Was uns im Verlauf der Jahre zustößt, ist offenkundig weder rosig noch rund; was immer wir an die Hand nehmen, beschert uns selten die ganze Erfüllung, die wir suchen und wünschen. Immer ist etwas zu wenig. In allem, im Schaffen und Ruhen, im Gehen und Stehen, im Lieben und Geliebt-Werden. Sehr oft bleibt etwas, das man sich anders oder zusätzlich wünscht. – Und im Rückblick auf unser Leben bleibt wahr, dass derjenige, der ich geworden bin, immer mit einem Hauch von Bedauern und Reue denjenigen grüßt, der ich hätte werden können.

Aber mit dieser Trauer über das, was aussteht, lässt sich leben! Leichter ist es für denjenigen, der realistisch bleibt, seine Ansprüche mäßigt und nicht wehleidig ist. Es gehört offensichtlich zum Leben, so wird er sich sagen, dass die Wünsche vielfach durchkreuzt, dass da Striche durch die Rechnungen gezogen werden und man auf Umwege gestoßen wird. Das alles kann man sich und dem eigenen Schicksal verzeihen. Was im Einzelfall danebenging, muss nicht das Ganze in Schieflage bringen. All das, diese kleineren Unebenheiten und Enttäuschungen, sind irgendwo einzuordnen und zu verkraften, sollen nicht dramatisiert werden und müssen nicht über die Maßen traurig stimmen.

Wenn ein Ideal zu quälen beginnt

Schwerer und nachhaltiger plagt jene Art von Zweifeln, die an die Substanz gehen und irgendwie das Ganze infrage stellen. Ob vielleicht das Leben insgesamt verpasst und verfehlt wurde? Ob sein innerster Sinn, seine Wahrheit, seine Bestimmung uns entgangen ist und ob das Ganze nichts anderes war als ein großer Irrtum, eine Illusion oder gar eine Lüge?

Aber woran wäre denn zu messen, dass das Leben falsch war, alles nur ein großer Umweg? Irgendwo müsste es ja einen Maßstab für das Richtige geben, eine ideale Linie, die für unser Leben vorgezeichnet ist. Umwege sind ja definitionsmäßig nichts anderes als Abzweigungen von einem anderen Weg, einem geraden und richtigen. Aber wo ist dieser richtige Weg zu sehen und zu erfahren, wo der ideale Verlauf der Lebenslinie aufgezeichnet? Gibt es diese überhaupt?

Betrachten wir etwas als Umweg, weil wir im Nachhinein einsehen, dass wir dabei kostbare Zeit vertrödelt haben, wir leichter und schneller hätten zum Ziel kommen können? Etwa im Vergleich mit anderen, wo wir sehen, wie Berufskollegen erfolgreicher waren oder wie Mitstudenten ihr Schlussexamen schneller geschafft haben? Oder im Glauben betrachtet: Gibt es einen direkten und geraden Weg auf

Gott zu, sozusagen eine Ideallinie, die angibt, wie mein Leben eigentlich zu verlaufen hätte? Ist mein Lebensweg in Gott vorausgewusst, geplant und festgelegt? Gibt es da eine fix und fertige Vorlage? Es könnte scheinen! So etwa heißt es im Buch Judith: »Alle deine Wege sind schon gebahnt« (Jdt 9,6), oder im Psalm: »Meine Tage waren schon gebildet, als noch keiner von ihnen da war« (Ps 139,16b).

Gegen einen solchen fertigen und göttlichen Plan, den es nur noch auszuführen gelte, sträubt sich etwas in uns. Eine Ideallinie, die sozusagen (in Gottes Vorsehung) gestrichelt ist und die wir nur noch nachzuziehen haben, vermag unserem Gefühl von Freiheit nicht zu entsprechen. Es heißt doch, Gott hätte das ganze Geschick des Lebens in unsere Hand gelegt und es gehöre zu unserer Verantwortung, ihm Richtung und Inhalt zu geben. Eine vorausgestrichelte Linie vermag deshalb der Würde unserer Freiheit nicht zu entsprechen. Wir fühlen uns zu mehr berufen als zur Ausführung von etwas, was schon vorausbedacht ist.

Aber es gibt noch ein zweites Sträuben. Beim Bedenken einer vollkommenen Lebenslinie kann uns Angst überkommen. Es ist die gleiche Art von Angst, die sich immer dann einstellt, wenn wir mit großen Idealen konfrontiert werden: Gefühle der Überforderung, das Wissen, nicht genügen zu können, die Ohnmacht vor einer zu großen Aufgabe. – Die Angst treibt noch weiter: Was geschieht mit uns, wenn wir diese Ideallinie verpassen, wir irgendwo neben ihr her vagabundieren, wir mit bestem Willen auf keine befriedigende Spur geraten? Was ist dann? Ist da alle Mühe umsonst? Gilt in diesem Fall etwa das Gleiche, was der hl. Augustinus von den frommen Heiden sagt: Sie gäben sich zwar alle Mühe, tugendhafte Menschen zu werden, aber es sei umsonst, weil sie sich außerhalb des richtigen Weges befinden: »Grandes passus sed extra viam (Große Schritte außerhalb des – richtigen – Weges).«[1]

---

[1]   Vgl. Aurelius Augustinus, De civitate Dei XIX, 25.

Was könnte heißen: Außerhalb der göttlichen Ideallinie, fern vom vorgesehenen Plan? Wenn überhaupt von einem göttlichen Plan gesprochen werden kann, dann im eigentlichen Sinne nur von einem Plan der Liebe, von einer wunderbaren Idee, einem Vorschlag für mein Leben, der weise ist und der von jemandem kommt, der ein unendliches Interesse daran hat, dass mein Leben gelingt. Deshalb, weil es ein Plan der Liebe ist, kann er nicht einfach fix und fertig vorliegen. Nein, er braucht, um realisiert zu werden, unsere Zustimmung, unsere Antwort, unser Mitgestalten. Gott will nichts ohne das freie Ja der Menschen, er bringt seine Idee von dem, was unser Leben soll, ins Spiel, will sie offenbaren und deutlich machen, auf verschiedenste Weisen: durch religiöse Schlüsselerlebnisse, durch leise Anregungen in unserem Gewissen, durch Fügungen und Zufälle. Diese sind die Pseudonyme Gottes, seine indirekte Redeweise, durch die er uns seinen Liebesplan kundtut. Dieser steht also nicht zu Beginn fix und fertig da, sondern entwickelt sich im Spiel zwischen göttlichem Ruf und menschlicher Antwort.

Von der Vielfalt der Wege Gottes

Sind wir also bemüht, unsere Lebensweise nach Gottes Willen auszurichten, dann dürfen wir uns diesen Gott nicht als Vorspurer denken, dem wir ausgeliefert sind, nicht als einen Chefplaner, der unser Leben schon bis ins Detail durchgerechnet und vorausbestimmt hätte. Vielmehr bekommen wir es mit einem Gott zu tun, in dessen ewiger Weisheit ein Lebensentwurf bereitliegt, dessen Geheimnis uns im Laufe der Jahre enthüllt wird. In der Art und Weise, wie wir auf das, was uns von diesem göttlichen Vorhaben gezeigt wird, antworten, gestalten wir an diesem Plan mit. Unzählig sind oft die Reaktionen, die Anläufe, die Irr- und Umwege, die es braucht, damit die gute Spur sich langsam abzeichnet und darin die Absichten Gottes deutlich hervortreten.

Es gibt also nicht nur einen einzigen guten Weg, den wir wählen können und der vor der göttlichen Vorsehung bestehen könnte. Nein: Gott gibt unseren Entscheidungen Raum, eröffnet eine Weite, in der sein Wille getan werden kann. Er lässt uns wählen, führt uns die Wege, wie wir sie bestimmen. Deshalb gibt es Fälle, wo Menschen, die im gleichen Geist um die Erkenntnis des göttlichen Willens ringen, zu verschiedenen Meinungen und Resultaten kommen.

Ein sprechendes Beispiel ist im Leben des hl. Ignatius festgehalten. Es ging um den Wunsch des Kaisers, ob einer der Söhne der Jesuiten, nämlich Franz Borgia, die Kardinalswürde annehmen soll. Der damalige Papst ist ein großer Befürworter dieses Vorschlages, Ignatius hingegen hat viele grundsätzliche Überlegungen dagegen. Beide, Ignatius und der Papst, erwägen ihre Gründe im Gebet und kommen zu verschiedenen, in sich unvereinbaren Resultaten. Ignatius beurteilt dies mit folgenden Worten: *»Ich hielt und halte fest: Wenn es der Wille Gottes ist, dass ich mich darin einsetze und sich andere für das Gegenteil einsetzen und euch diese Würde gegeben wird, so gäbe es keinen Widerspruch. Denn es kann sein, dass der gleiche göttliche Geist mich dazu aus den einen Gründen und andere aus anderen zum Gegenteil bewegt, sodass verwirklicht wird, was der Kaiser angezeigt hat.«*[2]

Es ist dies ein Beispiel dafür, wie vielfältig die Wege Gottes sein können. Es gibt also offensichtlich verschiedenste Realisierungen des Guten, die von sich beanspruchen können, dass in ihnen der Wille Gottes geschieht. Was wir von unserer Seite tun können? Wir sollen innerlich eifrig bemüht sein, den Willen Gottes zu erfragen und zu finden, sollen selbstkritisch damit rechnen, dass nicht einfach unsere erste Idee schon die beste und einzig richtige ist. Alles, was wir durch Erfahrung, durch vernünftiges Überlegen und Gebet zu wissen bekommen, fließt in die Entscheidung

---

[2] André Ravier, Ignatianisch. Eigenart und Methode der Gesellschaft Jesu, Freiburg 1990, 180.

hinein und bestimmt die Richtung unseres Weges. Gott geht alle Wege mit, die wir wählen. Eine Zusage, die tröstet und Geltung hat, unabhängig davon, ob sich der gewählte Weg später als der richtige oder falsche herausstellt.

Beten – neues Licht in der Biografie

Es entlastet uns, wenn wir hören, dass wir es in der göttlichen Vorsehung nicht mit einem Oberplaner, auch nicht mit einer vorausbedachten Ordnung zu tun haben. Es gibt nicht bloß eine einzige Weise, dem Willen Gottes zu entsprechen und ihn zu tun. Dennoch bleiben viele existenzielle Fragen, die sich um unsere gewählten Wege und Entscheidungen ranken. Haben wir die unbefriedigenden Wege selber gewählt oder hat uns die Vorsehung mit einem Schicksal betraut, das uns des eigenen Lebens nie richtig froh werden lässt? Wo finden wir Antworten? Wie und auf welchen Wegen können wir uns mit dem Ganzen des Lebens versöhnen?

Eine der großen Hoffnungen, die uns für die Versöhnung mit dem eigenen Schicksal geschenkt ist, liegt im Gebet. Wie es helfen kann, das Leben, auch seine Umwege, in einem neuen Licht erscheinen zu lassen, zeigen Worte von Peter Wust, mit denen sich der Professor der Philosophie, als er schon vom Krebs gezeichnet war, von seinen Studenten verabschiedete:

»Und wenn Sie mich nun noch fragen sollten, bevor ich jetzt gehe und endgültig gehe, ob ich nicht einen Zauberschlüssel kenne, der einem das letzte Tor zur Weisheit des Lebens erschließen könne, dann würde ich Ihnen antworten: ›Jawohl‹. – Und zwar ist dieser Zauberschlüssel nicht die Reflexion, wie Sie es von einem Philosophen vielleicht erwarten möchten, sondern das Gebet. Das Gebet, als letzte Hingabe gefasst, macht still, macht kindlich, macht objektiv. Ein Mensch wächst für mich in dem Maße immer tiefer hinein in den Raum der Humanität – nicht des Humanismus –, wie er zu beten imstande ist, wofern nur das rechte Beten gemeint ist. Gebet kennzeichnet alle letzte ›Humilitas‹ des Geistes. Die großen Dinge des Daseins werden nur den betenden Geistern geschenkt. Beten lernen aber kann man am besten im Leiden.«[3]

---

[3]   Peter Wust, Abschiedswort, Berlin 2007, 13.

Dem Gebet ist es eigen, den Blick zu klären; es befähigt, Geschehenes in größere Zusammenhänge zu stellen, auch Schweres anzunehmen, Distanz zu finden und dadurch in der Beurteilung gerecht zu werden. Was vergangen ist und hinter uns liegt, gewinnt dadurch, dass es im Gebet erwogen wird, andere Umrisse, es gerät in ein anderes Licht. Wir werden gewahr, wie Um- und Irrwege entstanden sind, was schuld daran war, was wir im Tiefsten suchten, wo wir in die falsche Richtung gingen.

Gott geht alle Wege mit

Ist es nun allein dies, was uns »kindlich und objektiv« macht? Sind es diese Einsichten, diese geschenkten Blicke aus Distanz, die uns gewisse Zusammenhänge besser verstehen lassen? Gewiss, wo größere Überblicke möglich werden, ist schon viel geschehen. Sie beruhigen, tragen nicht wenig zur Versöhnung mit der eigenen Biografie bei. Zu sehen, wie gewisse Etappen des Lebens innerlich zusammenhängen, wie die eine aus der anderen sich entwickelte oder sogar wie eine leidvolle Wegstrecke im Nachhinein sich als gut, ja notwendig herausstellt, ist tröstlich. Neue Einsichten, wie auch damit verbundene größere Freiheit, verdanken sich meistens größeren Zusammenhängen. Das alles zu sehen ist gut und ist zur Versöhnung mit dem Verlauf des Lebens nützlich, ja notwendig.

Aber nun ist es nicht eigentlich dies, was im Innersten, im Wesen des Gebetes liegt und was uns »objektiv und kindlich« zu machen vermag. Es ist nicht einfach ein neuer Blick, der uns dunkle Zusammenhänge besser verstehen lässt. Was das Gebet im Innersten auszeichnet, was unverkennbar zu ihm gehört und uns zu trösten vermag, das ist das geistliche Verstehen, dass Gott in Jesus Christus durch seinen Heiligen Geist all unsere Wege mitgegangen ist und er dies tut bis zum heutigen Tag. Das ist es, was uns als erste Frucht des Betens geschenkt wird, diese tröstliche Einsicht: Gott war dabei, seine ununterbrochene Gefährtenschaft, seine Wegtreue.

Gott ging alle Wege mit! Was dies in letzter Konsequenz bedeutet? – Er war dabei! Von allen Anfängen an, über gerade und krumme Abschnitte hinweg, durch Kreuzungen hindurch. Er führte jeden persönlichen Schritt, begleitete mein Tasten und Suchen, blieb bei mir, wo ich irrte, verließ mich auch da nicht, wo ich Wege einschlug, die schädlich waren und von ihm wegführten, Wege, von denen ich wusste, dass sie zerstörerisch sind und mich in Widersprüche brächten. Immer war Gott dabei und sprach durch seinen Geist in meinem Gewissen, »flüsterte« mir zu, wohin es gehen sollte, wo bessere und hellere Wege zu finden sind. Er warnte aber auch vor Gefahren und Abgründen. Immer war es jener gute Geist, der mich nicht verließ, auch da nicht, wo ich selbst den Eindruck hatte, von allen guten Geistern verlassen zu sein. Er hörte niemals auf, in mir zu wirken, mich zu ziehen und zu stoßen, bald aus scheinbarer Ferne, an lockerer Leine, bald eng gebunden, ohne Alternative und streng, bald bei offenen, bald bei geschlossenen Türen. – Es ist dieser gleiche Geist Gottes, der nun auch da wirkt, wo ich bete, der nach dem Wort von P. Wust nicht nur »objektiv« macht, mich verborgene Zusammenhänge besser verstehen lässt, sondern auch »kindlich«. Er lässt in meinem Gebet das Vertrauen entstehen, dass Gott die vergangenen Dinge, so wie sie gelaufen sind, zu meinem Wohl zusammenführt.

Gott ist nicht von meiner Seite gewichen! Das ist die gute Botschaft, die ich im Gebet erneut und persönlich vernehmen darf. Er blieb bei mir, auf jedem Wegstück und an jeder Kreuzung, auch da noch, wo ich die Wege alleine gehen wollte, ich ihn als Begleiter lästig fand und abzuschütteln versuchte. Auch da noch war Gottes Geist in mir wirksam, wirkte zu meinem Wohl und Heil, gegen alle Gleichgültigkeit und Widerstände hindurch. Er blieb vor mir, während ich ihm den Rücken zudrehte.

Warum, warum? – Seht, was die Liebe tut

Wo wir im Gebet unsere Wege bedenken, werden wir vor das Kreuz geführt, an jenen Ort, wo all unsere Wege und Umwege zusammenlaufen. Hier, im Angesicht des gekreuzigten Jesus, wird uns einmal mehr vor Augen geführt, mit welcher Liebe Gott an uns festhält, mit welcher Geduld er uns über alle Klippen des Lebens getragen hat. Hier, im Beten vor dem Kreuz, beginnt deshalb die letzte Versöhnung mit gemachten Umwegen. Hier ist nämlich der Ort, genauer gesagt die Person, vor der die quälenden Fragen zu unserer Biografie nochmals laut werden dürfen. Es darf Klage geführt werden.

Alles, was weh tat und bis zum heutigen Tage schmerzt, kann zur Sprache kommen, kann laut gesagt, ja aus der Seele geschrien werden. Warum? Warum ein solches Leben, warum solche Qualen und Widrigkeiten, dieses ständige Durchkreuzen eigener Wünsche, die Schläge des Schicksals, die so vieles zunichtemachten? Warum die vielen Entbehrungen, diese vielen kleinen Tode, die gestorben werden mussten, ohne dass ein sichtbarer Sinn dabei heraussprang? Warum geschah so viel Unrecht rund um uns herum und in den eigenen Reihen, warum mussten so viele gemeinsam begonnene Wege auseinandergehen, warum dieses Sich-fremd-Werden, die Distanzen, die sich zwischen Menschen gebildet haben? Warum so viel Kälte, Interesselosigkeit, auch Bosheit?

Warum schließlich – so lassen sich die Fragen vor dem Kreuz fortsetzen – mussten wir auf unseren Lebenswegen so viel zurücklassen, musste so viel schiefgehen, zerstört werden? So viele gute Anfänge, so viel guter Wille, Hoffnung und Liebe? Weshalb? Warum gut? Wozu notwendig? Ist denn dieses ständige Ärmer-Werden, dieses Zerbrechen eigener Pläne der einzige Weg, auf dem wir einsichtiger und klüger werden? Können wir nur so, auf diesem Weg, in eine gottgemäße Haltung hineinfinden? Ist das die Pädagogik Gottes? Werden wir so, und nur so, in die Nähe des Gekreuzigten geführt, ihm ähnlich, ihm zugehörig?

All diese Fragen dürfen vor dem Kreuz laut werden. Sie werden an diesem Ort nicht in einen stummen Himmel geschrien, werden nicht vor Sternen geklagt, sondern vor demjenigen, der diese Fragen aus seinem Innersten kennt, ein offenes Ohr für sie hat. Jesus, dem Gekreuzigten, sind diese Klagen nicht fremd. Am eigenen Leib hat er erfahren, was Verzicht von Lebensplänen bedeutet. Auch er wurde Wege geführt, die er so nicht wollte, gegen die er zutiefst aufbegehrte und rebellierte, die er aber schließlich zu gehen die Kraft fand. Allerdings nicht ohne viele innere Kämpfe und Gebete – so wie es im Hebräerbrief steht: »*Als er auf Erden lebte, hat er mit lautem Schreien und unter Tränen Gebete und Bitten vor den gebracht, der ihn aus dem Tod retten konnte, und er ist erhört und aus seiner Angst befreit worden. Obwohl er der Sohn war, hat er durch Leiden den Gehorsam gelernt*« (Hebr 5,7–8). Jesus kannte die gewiesenen, scheinbar so unnützen Umwege, dieses Geführtwerden ans Kreuz, das brutal und ungerecht war und das doch zu einer Quelle des Heiles werden sollte.

So sind wir, die wir unsere verschlungenen Wege im Gebet nochmals abschreiten, an den richtigen Ort verwiesen: vor das Kreuz. Wir fragen hier nach Antworten, halten Ausschau nach Licht, bitten um Zugänge. Da kann uns geschenkt werden, dass wir in ein »Gespräch der Barmherzigkeit« hineingenommen werden, uns im Blick auf den Gekreuzigten offenbar wird, mit welcher Langmut und Geduld Gott uns über Jahre getragen hat, alle Wege, die wir einschlugen, geheimnisvoll auf sich lenkte. In großer Barmherzigkeit hat er das, was verbogen war, gerade gemacht. In jeder Geste, mit der er uns seine Nähe deutlich macht, schwingt das alttestamentliche Wort mit: »Ich will ihre Untreue heilen und sie aus lauter Großmut wieder lieben. Denn mein Zorn hat sich von Israel abgewandt« (Hos 14,5).

Das Kreuz – Gütesiegel Gottes

Was folgt aus alledem für uns, die wir als Gläubige in Jesu Geist leben wollen? Werden auch wir in diese Leidensspur mitgenommen? Müssen auch wir am eigenen Leib erfahren, wie Gottes Pläne nicht die unsrigen sind? Muss es auch in unser Herz eingraviert werden, was Goethes poetisches Wort sagt: »*Und solang du das nicht hast, | Dieses: Stirb und werde! | Bist du nur ein trüber Gast | Auf der dunklen Erde.*«[4]

Was ist es, dieses »Stirb und werde«? Für uns Christen mehr als ein allgemeines Symbol für Werden und Wachsen allen Lebens. Es ist ein Kennzeichen von Nachfolge, ein Hoffnungszeichen, dass in allem Sterben geheimnisvoll eine Auferstehung sich vorbereitet. Es ist deshalb etwas, woran das Spezifische eines christlichen Glaubens sichtbar wird und auch erkannt werden kann. Wer immer im Leben Jesu den Willen Gottes zu erkennen sucht, wird im Kreuz einen Maßstab finden und ergreifen, an dem er erkennt, ob er auf dem guten Wege ist.

In der Tat: In der Nachfolge Jesu wird vieles, was wir vernünftig geordnet haben, durcheinandergebracht. Gut gemeinte Pläne zerbrechen oder werden abgeändert. Wir geraten unter ein anderes Gesetz, folgen höherer göttlicher Weisheit, kommen in Berührung mit verborgenen Schätzen, von denen Johannes vom Kreuz sagt, dass nur derjenige sie gewinnt, der bereit ist, »*einen Berg von Mühsal zu besteigen und durch innere und äußere Leiden zu gehen. Die Seele stellt ihre Sehnsucht und das Verlangen nach Trost zurück, begehrt ernstlich, zuerst in die Beschwernisse des Kreuzes einzutreten … Das Kreuz ist die Tür, durch die wir in diese Reichtümer der Weisheit Gottes eingehen können. Die Tür aber ist eng. Viele wünschen sich die Freude, zu der man durch diese Tür gelangt. Aber wenigen ist das Verlangen eigen, durch die Tür des Kreuzes einzutreten.*«[5]

---

[4]   Goethe, West-östlicher Diwan.
[5]   Johannes vom Kreuz, zit. in Lektionar zum Stundenbuch II, 1, 254.

Aus der Ferne nur ahnen wir, was mit dieser »Torheit des Kreuzes« (1 Kor 1,18) gemeint ist. Es will uns nicht leicht in den Kopf, dass die Liebe Gottes sich vorzüglich da offenbart, wo die eigenen Pläne im Leid geprüft oder gar durchkreuzt werden, wo wir in unserer Geduld gefordert sind. Solange alles glattgeht, wir mühelos vorankommen, ist es nicht leicht zu wissen, ob wir wirklich Gottes Willen tun. Zwar muss gewiss nicht zuerst alles schwer erscheinen, muss nicht jedes Vorhaben vorerst zerbrochen werden, damit wir das Gefühl haben dürfen, es sei richtig. Aber unsere ersten Vorschläge, so frisch sie sich anfühlen, sind nicht immer die besten; sie müssen sehr oft noch in die Kreuzesprüfung, werden zerbrochen oder abgeändert. Wo sie auch erlitten werden, verdienen sie am ehesten das göttliche Gütezeichen. – Übrigens ist das Wissen um diese höhere Weisheit auch noch in Redensarten aufgehoben, die uns leicht über die Lippen kommen. Etwa wenn wir sagen: »Der Mensch denkt und Gott lenkt.«

Wer auf das Kreuz hinschaut und den Weg mit Jesus dorthin geht, der wird allmählich die innere Logik dieses Mitgehens entdecken. Er wird bereit werden, vieles, wenn es Gottes Wille sein sollte, loszulassen, hält sich immer mehr an den einzig sicheren Balken fest, die das Kreuz bilden. Ähnlich dem Jesuiten im »Seidenen Schuh« von Paul Claudel. Als einzig Überlebender treibt er auf dem Meer, ist angebunden an den Mastbaum, bedenkt sein vergangenes Leben, seine Umwege und sein Scheitern und fasst es in einem ergreifenden Gebet zusammen:

»Herr, ich danke Dir, dass Du mich auf diese Weise gefesselt hast. Manchmal geschah es mir, dass ich Deine Gebote lästig fand und meinen Willen vor Deinem Gesetz hilflos und störrisch ... aber heute gibt es nichts, was mich enger an Dich binden könnte, als ich es schon bin, und ich kann lange alle meine Glieder prüfen, kein einziges vermag auch nur um ein weniges von Dir abzurücken. Ich bin wirklich ans Kreuz gebunden, doch das Kreuz, an das ich gefesselt bin, ist an nichts mehr gebunden. Es treibt auf dem

Meer, auf dem freien Meer, wo die Grenze des vertrauten Himmels verschwimmt, in gleicher Entfernung von der alten Welt, die ich verlassen habe, und von der andern, der neuen. Alles um mich her ist tot, alles wurde vollbracht auf diesem schmalen Altar, auf dem die Leiber meiner Schwestern übereinander liegen, die Ernte konnte offenbar nicht ohne Verwirrung eingebracht werden … Ich habe mich Gott geschenkt, und jetzt ist der Tag der Ruhe und der Entspannung gekommen, und ich kann mich den Fesseln, die mich binden, überlassen. Bei jeder Wahl, die man zu treffen hat, spricht man von einem Opfer, auch wenn es sich nur um eine unmerkliche Handbewegung handelt. Um die Wahrheit zu sagen: Nur das Böse verlangt eine Anstrengung, denn es stellt sich gegen die Wirklichkeit, es sondert sich von den großen beständigen Kräften ab, die uns alleseits einbeziehen und verpflichten.«[6]

[6]   Paul Claudel, Der seidene Schuh, Einsiedeln 2003, 17.

Umwege der Frommen

Beten ist ein vorzüglicher Weg, auf dem wir zu einem Ja zu unserer Lebensgeschichte finden. Nicht nur hilft es, manches zu klären und Überblick zu gewinnen, es erneuert in erster Linie unser Vertrauen in die Führung und Vorsehung Gottes. Und dennoch ist es kein Schutz vor leidvollen Erfahrungen, vor inneren und äußeren Anfechtungen.

Warum, so fragen sich gläubige Menschen, muss gerade mir dieses Malheur zustoßen, mir, der ich doch versuche, mit meinem Glauben Ernst zu machen. Ich bete jeden Tag, zumindest am Abend, ringe um Vertrauen zu Gott und versuche die Nachbarn und mich selber zu lieben. All das tue ich und werde doch nicht geschont, nicht vom launischen Schicksal und nicht von der Bosheit der Menschen. Warum schützt mich mein Glaube nicht besser?

»Wen der Herr liebt, den züchtigt er« (Spr 3,12)

Ja noch mehr. Nicht bloß erfahren gläubige Menschen, dass auch sie von Leid geschlagen und geprüft werden wie alle andern, sie also keine Ausnahme bilden. Oft haben sie den Eindruck, dass sie noch mehr und härter den gnadenlosen Umständen des Lebens ausgesetzt sind. Häufig, so scheint es, trifft es gerade die Betenden, schlagen die Blitze dort ein, wo die Altäre errichtet werden. Geht es da noch mit rechten Dingen zu?

Wer in unerklärbares Leid gerät, mag in solchen Momenten, wo alles dunkel und schmerzhaft ist, hinterfragen und sich alles Mögliche als Antwort zurechtlegen. Wird auf diesen Wegen des Leidens vielleicht Buße getan? Aber für welches Unrecht denn und für wen, für wessen Schuld? Für eigene? Vielleicht für solche, die mir gar nicht bewusst ist? Hat der Psalmist, der diesen Gedanken äußert, vielleicht recht (vgl. Ps 19,13)? Oder büße ich da, wo mich das Schicksal in demütigende Verhältnisse zwingt, für die Schuld anderer? Vielleicht für die Schuld früherer Generationen, der Familie, der Menschheit, der Kirche? Stehe ich mit den Vorfahren, vielleicht mit allen Menschen überhaupt, nicht bloß in biologischen, sondern auch geistigen Abhängigkeiten, sodass ich in frühere Schuld hineingezogen werde und sie austragen muss? Halte ich für etwas her, für das ich, wie ich meine, nicht verantwortlich sein kann? Stehe ich mit meiner Pein und meinen Schmerzen in einem größeren Zusammenhang von Generationen, als mir dies selber bewusst ist?

Was sind diese Gedanken? Einbildungen, Versuche, sich etwas zu erklären, das sich jeder Deutung entzieht? Sind es mythologische Reste im sonst so aufgeklärten Glaubensbewusstsein? Zu vergessen also?

Oder hängt das Faktum, dass ich als glaubender Mensch zu leiden habe, damit zusammen, dass Gott sich dem zuwendet, den er liebt? Ist das Leid, das mich auf meinem Glaubensweg trifft, ein besonderes Zeichen der Liebe Gottes, eine Auszeichnung gar oder eine Ehre? So etwa, wie es das Wort aus dem Buch der Sprüche nahelegt: »Wen der Herr liebt, den züchtigt er« (Spr 3,12).

Dieses Wort enthält gewiss einen tiefen Wahrheitskern. Es tritt besonders bei jenen Menschen zutage, die ganz von der Liebe Gottes umgeben sind und sich von ihr ergreifen lassen: bei Heiligen. Gerade sie erfahren nicht selten eine »Züchtigung«, die ihnen weder verdient noch angemessen scheint, die sie aber in ihrem Beten als Ausdruck einer großen Liebe deuten. Sie werden in Nacht und Nebel geführt, werden oft an Leib und Seele verunsichert. So etwa eine große Teresa von Avila, die sich im Tun des göttlichen Willens gedemütigt und verlassen vorkommt, die deshalb vehement und protestierend, allerdings nicht ohne Schalk, ausruft: »So also behandelst du deine Freunde! Kein Wunder, dass du so wenige hast.« Und Ähnliches wird wohl in einem andern frommen Wort gemeint sein: »Jesus vergibt denen, die ihn kreuzigen, und kreuzigt jene, die ihn lieben.« Anschaulich hat die »züchtigende Liebe« Thomas Merton beschrieben, wo er am Schluss seiner Biografie Gott sagen lässt:

»Ich werde dir geben, was du wünschest.
Ich werde dich in die Einsamkeit führen.
Ich werde dich auf eine Weise führen, die du unmöglich verstehen kannst, weil ich will, dass es auf dem schnellsten Wege geschehe.

Deshalb werden sich alle Dinge ringsum gegen dich waffnen, um dich zu verleugnen, dir zu schaden, dir Leid zuzufügen und dich so der Einsamkeit überliefern … Auf dass du zum Bruder Gottes werdest und den Christus der als Sühneopfer dargebrachten Menschen kennen lernest.«[7]

Das Ja im erfahrenen Nein

Nochmals gesagt: Die Klage von uns allen ist bekannt. Wie kann Gott mir so etwas zumuten? Wie kann er, der mich unendlich liebt und den auch ich zu lieben suche, so streng sein, so unerbittlich, ja, so will mir scheinen, so brutal? Das ist doch zutiefst ungerecht und demütigend.

Was ist zu diesem Thema aus dem Leben der Heiligen zu lernen? Welches ist ihr Zeugnis? Einiges klang schon an. Auch sie, die sich ganz von der Liebe Gottes erfüllen lassen, leiden darunter, dass diese Liebe kein Schutzschild ist gegen die Widrigkeiten des Daseins. Es bleibt auch für sie schwer begreiflich und geheimnisvoll, dass sie, trotz eines festen Glaubens, geprüft und verunsichert werden. Sie erzählen uns von »dunklen Nächten«, die sie ausstehen, von ernsten Zweifeln daran, ob sie auf dem richtigen Weg sich befinden und ob Gott sie führt.

---

[7] Thomas Merton, Der Berg der sieben Stufen. Autobiographie, Einsiedeln 1985, 441.

Die Heiligen wissen aber nicht nur um das Faktum dunkler Nächte, sie ahnen auch etwas von ihrer Notwendigkeit. Sie spüren, was inneres wie äußeres Leid bewirkt, wie es nüchtern, demütig und geduldig macht, wie es das eigene Wesen reinigt und das Herz weitet. Es mag die eigene Glaubensüberzeugung erschüttern, kann sie auch verdunkeln, aber gleichzeitig stärkt es sie und gibt ihr Festigkeit. Mit allem, was sie sind und haben, setzen sich die Heiligen der Liebe Gottes aus und geraten oft dadurch vor innere Abgründe von Ohnmacht und Selbstzweifel. Wie niemand anders wissen sie um die innere Zerbrechlichkeit jenes Gefäßes, in dem sie ihren Glauben tragen.

Und was das Verwunderlichste ist: Es gibt Klage, Seufzen und Zweifel, aber kein Nein gegen die Schöpfung. Noch in der Erfahrung tiefster Not schwingt ein Ja, eine Einstimmung darin, geschaffen zu sein. Der christliche Märtyrer, ein Exponent von Heiligkeit, wird dadurch charakterisiert, *»dass ihm trotz allem, wie ihm eigentlich die Welt, die Welt des Menschen vor allem, erscheinen müsste, kein Wort gegen Gottes Schöpfung in seinem Munde laut wird. Das heißt, er sagt noch immer, die Welt als Schöpfung ist gut, sehr gut.«*[8]

Das Leiden mit der Kreatur

Es sind die Heiligen wie auch überhaupt große Menschen, die um den Sinn von leidvollen Wegen, die sie geführt werden, wissen. Etwa Sokrates, Franz von Assisi, Gandhi. Aus weiter Ferne, über Abgründe des Verstehens hinweg sprechen sie zu uns, wollen uns ihr Geheimnis weitergeben, wie sie das ihnen zugefügte Leid begriffen und angenommen haben. In ihren Überzeugungen schwingt eine tiefe Solidarität mit dem Leid der Welt, mit dem Seufzen aller Kreatur (Röm 8,22). Sie wissen sich in ungeahnter Tiefe eins mit dem

[8] Josef Pieper, Arbeit, Freizeit, Muße, Werke Bd. 8/2, München 2008, 545.

Ganzen, tragen an der Weltschuld mit. In ihrem Ja zu dem, was ihnen passiv widerfährt, gestalten sie aktiv das neue Angesicht der Welt.[9]

Es sind die großen Glaubenden, bei denen die letzte Konsequenz dessen, worauf sie bauen, deutlich wird. Weniger klar, fast ungreifbar, gilt der Satz von der »liebenden Züchtigung« auch bei uns. Je fester und entschiedener wir uns auf den Weg Jesu begeben, je größer das Vertrauen und die Liebe, mit der wir uns einsetzen, umso geheimnisvoller werden oft die Wege, die wir geführt werden. Wir werden in die Nähe Jesu gezogen, ohne verstehen zu können, werden Wege geführt, von denen wir nichts verstehen, auf denen wir nur hoffen, dass sie »für etwas gut sind« und ins Licht der Auferstehung führen.

[9] Ein extremes Beispiel solchen Mitleidens mit der Schuld der Welt findet sich bei Alexander Solschenizyn. Er erzählt von einem seiner Mitgefangenen, einem Arzt, der sich vom jüdischen Glauben zum Christentum bekehrt hat und der mit Recht befürchtet, man werde ihn ermorden. Dieser außerordentliche Mann schließt seinen nächtlichen Lebensbericht mit den Worten: »*Ich habe mich davon überzeugt, dass keine Strafe in diesem irdischen Leben unverdient kommt. Es ist durchaus möglich, dass sie nicht für das kommt, was unsere offensichtliche Schuld ist. Aber wenn wir unser Leben durchforschen und uns tief hinein versenken, so werden wir immer jenes Verbrechen finden, für das wir jetzt büßen*« (Alexander Solschenizyn, Der Archipel Gulag, Folgeband, Bern 1974, 590).

Leiden, ein Preis der Liebe

Fragen wir noch einmal zurück. Was geschieht im Ganzen unseres menschlichen Lebens, wenn wir in eine Leidensspur gezwungen werden, wenn es weh tut an Leib und Seele? Wird dadurch ein Leben neu gezeichnet? Bekommt es einen anderen Wert? Werden wir im Grunde mehr Mensch, wo wir vom Leid gefordert werden, wir uns dem vielfältigen Zerbrechen von Lebensordnungen stellen müssen?

Leid, das unser Herz weitet

Existenzielle Verluste und Erschütterungen, wie sie uns bei Abschieden oder großen Krankheiten begegnen, sind immer eine Unterbrechung des normalen Lebens. Sie erzwingen einen Halt, stören das alltägliche Geplauder, reden uns drein und erzwingen Gehör. Wo wir mit unverhofftem Leid konfrontiert werden, können wir nicht anders, als innezuhalten. Es gilt, diesen Zwischenrufen Gehör zu verleihen.

Nicht wenige Menschen wissen zu berichten, wie Zeiten des Leidens, die sie aufhorchen ließen, für sie lehrreich waren und wie sie dadurch irgendwie geistig weiterkamen, oft auch reifer wurden. Widerstände, mit denen sie in Krankheit oder Abschied konfrontiert wurden, waren für sie Gelegenheit, daran zu wachsen und zu reifen. Erlittene Schmerzen haben die Richtung ihres inneren, oft auch äußeren Lebens verändert. Und schon öfters haben Menschen erst dort gut zu kämpfen begonnen, wo sie an die Wand gedrückt wurden.

Ähnliches ist auch vom Gegenteil her einsichtig zu machen: Bleibt nicht einfältig und irgendwo naiv, wer in seinem Leben ganz vom Leid verschont wurde oder solches nie an sich heranließ? Liegt da nicht ein Risiko menschlichen Zurückbleibens? Wo kein Scheitern, keine Erschütterung, kein Schmerz vorkommt, da ist auch kein Vorankommen. So schreibt Elisabeth Kübler-Ross: »*Menschen, die nie Schmerz erlitten haben, haben nie gelebt. Menschen, die mit Schrammen bedeckt sind, haben eine besondere Glut. Sie haben gelernt, dass Wunden gleichsam Lebensexamen, Lebensprüfung sind, unsere Kraft, unsere inneren Überzeugungen, unseren Charakter zu erproben.*«[10]

Nelly Sachs rührt in einem Brief an Werner Weber das gleiche Thema an. Nach ihrer Meinung können schmerzhafte Widerfahrnisse positiv dazu führen, das Leben in seinem Grund, in seinem Staub durchsichtig zu machen: »*Ihre herrlichen Worte von den Prüfungen, deren man würdig befunden wurde, sind in meinem Innern eingebrannt; denn ich glaube zutiefst, dass [sic] jeder von uns durchschmerzte oder überhaupt durchlebte Augenblick bis in die letzten Möglichkeiten durchlebt, den Staub durchsichtig macht und brauchbar wird für ein geistiges Universum.*«[11]

Wie ist es? Nicht durch jede schmerzvolle Erfahrung werden Menschen schon tiefsichtiger. Aber da, wo schmerzliche Leidensspuren sich eingezeichnet haben, werden auch neue Wege des Denkens und des Verhaltens sichtbar. Leid, wie sehr es uns in Zorn und Protest bringen kann, macht auch nüchtern, entzaubert viele Gefühle, macht das Bild, das wir von uns selber hüten, realistisch. Ganz abgesehen davon, dass Leid auch ungeahnte schöpferische Kräfte wecken kann, führt es nicht selten zu einer Korrektur der Lebenseinstellung; es vermag Stil, Gefühle, Denkweise und Kommunikation zu verändern, trägt in sich eine mögliche positive Schubkraft. Der Psalmist weiß genau um diese Zusammenhänge, wenn er ganz lapidar feststellt: »Dass ich gedemütigt wurde, war für mich gut; denn so lernte ich

[10] Elisabeth Kübler-Ross, Kommerzialisierte Leiden für verborgenes Leid, in: Concilium 12/1976, 563.

[11] Nelly Sachs an Werner Weber am 28.01.1961, in: Thomas Feitknecht, Werner Weber. Briefwechsel des Literaturkritikers aus sechs Jahrzehnten, Zürich 2009, 162.

deine Gesetze« (Ps 119,71) und: »Ehe ich gedemütigt wurde, ging mein Weg in die Irre; nun aber halte ich mich an deine Verheißung« (Ps 119,67).

Den Gedanken noch weiter geführt: Wahrscheinlich gibt es Dinge im Leben, die nur auf leidvollen Umwegen zu lernen sind. Nur so und nicht anders. Nicht durch noch so großen Lerneifer, auch nicht dadurch, dass wir uns freundlich zureden und motivieren, ja nicht einmal durch die hohen Jahre, die uns bekanntlich zu reiferen Lebenseinstellungen führen. Nein, allein dadurch, dass wir die langen Umwege, auf denen wir leiden, weiterlaufen, und zwar bis zum Ende. Anders gehen offensichtlich die Dinge nicht in den Kopf, schon gar nicht ins Herz; sie müssen eine Zeitlang im Fleisch wehgetan haben, damit sie den Geist wandeln und eine Lebenseinstellung positiv korrigieren. Maurice Blondel (1861–1949) sieht im Leid sogar das *»Siegel eines anderen in uns … Wer an einer Sache nicht gelitten hat, kennt und liebt sie nicht. … Der Sinn des Schmerzes liegt darin, uns das zu entschleiern, was dem Erkennen und dem egoistischen Wollen sich entzieht, und Weg zur echten Liebe zu sein. … Lieben heißt das Leiden lieben, weil wir so Freude und Tun eines anderen in uns lieben: diesen an sich liebenswerten Wert und teuren Schmerz, den alle bejahen, die ihn erfahren und ihn gegen alle Lieblichkeit der Welt nicht tauschen möchten.«* [12]

Das Leiden, ein Preis der Liebe

Was hilft, das zu verstehen? Dass das Leid, das wir Menschen (die Frommen nicht ausgenommen) erleiden, nicht bloß der Liebe Gottes nicht widerspricht, sondern ein Ausdruck dieser Liebe ist. Wo sind Entsprechungen, Bilder, die weiterhelfen?

---

[12] Maurice Blondel, Die Aktion. Versuch einer Kritik des Lebens und einer Wissenschaft der Praktik, Freiburg/München 1965, 405f.

Etwas Licht, ein Anfang einer Antwort, wird uns da gegeben, wo wir uns auf das besinnen, was Liebe ist. Spontan kommt uns in den Sinn: Liebe besteht darin, dass man einander annimmt, wie man ist. Sie ist Bejahung der Andersheit. Wer liebt, der sagt: Gut, dass du da bist, und gut, dass du so bist. – Wer möchte dem widersprechen? Es stimmt und ist wahr. Aber doch nur halb, nur teils. Wer jemanden liebt, nimmt ihn zwar an, wie er ist, mit allem, was zu ihm gehört, seiner Herkunft, seiner Sprache, seinem Charakter, aber er kann nicht anders, als darauf zu schauen, was der Geliebte sein könnte. Es ist ihm unmöglich, nicht zu leiden, wenn er sieht, wie der Geliebte, aus welchen Gründen auch immer, hinter seinen Möglichkeiten zurückbleibt. Mit ansehen zu müssen, wo er sich verirrt, wie er auf schädliche Wege gerät oder Unrecht tut, tut weh. Wer liebt, richtet alle seine Aufmerksamkeit auf das Wohl des Geliebten, wünscht aus vollem Herzen, dass es ganz und gar wohl um ihn bestellt sei, er nicht bloß in einem oberflächlichen Sinn einfach »happy« ist, sondern er etwas von der Fülle des Lebens kostet. Wer liebt, kann nicht aufhören, zu wünschen, dass dem Geliebten vergönnt sei, die Möglichkeiten zum Gut- und Schön-Sein auszuschöpfen, die Segel seines Lebensschiffes sich ganz füllen und das Boot in volle Fahrt käme. So lesen wir bei C.S. Lewis:

»Die Liebe verlangt kraft ihres eigenen Wesens nach der Vervollkommnung des Geliebten; dass die ›bloße Gutherzigkeit‹, die alles duldet, nur nicht, dass der Geliebte leide, in diesem Betracht das Gegenteil von ›Liebe‹ ist. Wenn wir eine Frau lieben – hören wir dann etwa auf, uns darum zu kümmern, ob sie sauber oder schmutzig, schön oder hässlich ist? Beginnen wir nicht gerade dann erst, uns darum zu kümmern? Betrachtet irgendeine Frau es als ein Zeichen der Liebe des Mannes, dass er weder weiß noch sich darum kümmert, wie sie aussieht? Liebe vermag sehr wohl die Geliebte zu lieben, wenngleich ihre Schönheit dahin ist; aber nicht, weil sie dahin ist. Liebe kann alle Schwächen vergeben und ihnen zum Trotz lieben; aber Liebe kann nicht aufhören, zu wünschen,* *dass sie verschwinden. Liebe ist empfindlicher als selbst der Hass gegen jeden Makel an dem Geliebten; ihr ›Gefühl ist feiner und empfindsamer als die zarten Fühler sich windender Schnecken‹. Von allen Mächten verzeiht die Liebe am meisten, aber sie entschuldigt am wenigsten; sie erfreut sich an wenig, aber sie verlangt alles.«*[13]

Gottes leid-schaffende Liebe

Das Gleiche nun gilt von der Liebe Gottes zu uns, nur in unendlich größerem Maße, in unvergleichlicher Weise. Gott sagt Ja zu seinem Geschöpf, in all seinen Bedingungen, den leiblichen und seelischen, den sozialen und geschichtlichen, immer und ewig. Reuelos und ohne jeden Abstrich steht er zu dem, was er geschaffen hat, und findet es gut, bis zum heutigen Tag. Er umgibt und durchdringt uns, seine Geschöpfe, mit einer Liebe wie ein Feuer, das unsere Herzen erwärmt und entzündet. Seine Art, an unserem Leben teilzunehmen, ist weit mehr als ein kraftloses Wohl-Meinen, das uns nur aus der Ferne gutheißt. Schon eher ist es eine Glut, ein Überschwang, ein tätig-leidenschaftlicher Wunsch, dass unser Leben voll gelinge.

Dies nun ist der Punkt, wo klarer wird, weshalb Leid ein Ausdruck der Liebe Gottes sein kann. Soll nämlich mein Leben, so wie es von Gott gedacht ist, gelingen, und zwar ganz, dann ist dies offensichtlich nicht anders und nicht billiger möglich, als dass der Preis von Leid bezahlt wird. Denn alles, was der Fülle des angestrebten Glückes im Wege steht, muss beseitigt werden. Das können äußere Umstände sein, wie Einsamkeit oder auch Armut. Was aber die Fülle des Glücks am stärksten behindert, liegt in uns selber, in der Verkehrtheit des eigenen Herzens, in seiner Lieblosigkeit, seiner Härte. Und wenn Gott uns das Herz aus Stein aus der

---

[13] C. S. Lewis, Über den Schmerz, Gießen 2009, 44.

Brust zu nehmen versprochen hat, um uns ein Herz aus Fleisch zu geben (Ez 11,19), dann kann dies nicht anders vor sich gehen, als dass es wehtut. Vieles, was in uns hart ist, muss weich werden, was im Argen liegt, bedarf der Reinigung. Wie wahr ist doch, was im Neuen Testament dazu steht: »*Seht ihr nicht ein, dass das, was von außen in den Menschen hineinkommt, ihn nicht unrein machen kann? Denn es gelangt ja nicht in sein Herz, sondern in den Magen und wird wieder ausgeschieden. … Was aus dem Menschen herauskommt, das macht ihn unrein. Denn von innen, aus dem Herzen des Menschen kommen die bösen Gedanken, Unzucht, Diebstahl, Mord, Ehebruch, Habgier, Bosheit, Hinterlist,… Neid,… All dieses Böse kommt von innen und macht den Menschen unrein*« (Mk 7,18ff).

Gottes Liebe zielt nicht darauf, dass wir Menschen leiden, sondern darauf, dass wir befreit werden von allem, was unser Glück behindert. Das beste Beispiel, an dem Gottes schaffende Liebe illustriert werden kann, ist wohl dasjenige eines Künstlers, eines Bildhauers: Gott, der liebende Schöpfer, ist damit beschäftigt, sein Lieblingswerk, das jedes Menschenleben ist, aus dem Marmorblock zu meißeln. Er tut es, wenn es erlaubt ist, so menschlich zu sprechen, mit letzter Hingabe, Tag und Nacht, mit Aufbietung letzten Könnens. Vieles muss an diesem Meisterwerk entfernt und weggeschlagen werden, um die letzte Schönheit herauszuholen. Kein Wunder also, wenn wir als Geschöpfe in seiner Hand hin und wieder die Schläge von Meißeln zu spüren bekommen. Wo etwas weggenommen wird, tut es weh; aber es kann, wo es nötig ist, nicht anders geschehen als um diesen Preis. Nur dadurch gewinnt ein Geschöpf an Ganzheit und Schönheit.

»Wir bleiben also in Bearbeitung.« Und zwar so lange, bis aller unguter Eigenwille und alle Herrschsucht, alle egoistischen Verkrustungen weg sind und alles von Liebe durchdrungen und geformt ist. Es kann sein, dass uns diese ständige »Weiterbearbeitung« lästig wird, wir der Schmerzen genug haben. Lieber ein halbes Glück als weiteres Leiden, so können wir es uns zurechtlegen. Wir arrangieren uns mit mittleren Glücksgefühlen, können mit zweitbesten Lösungen zurechtkommen, nehmen unsere Ansprüche zurück. Es muss nicht die Fülle des Lebens sein. – Aber es ist gerade dies, was uns im Glauben nicht möglich und erlaubt ist. Gott ist und bleibt derjenige, dessen Pläne größer sind als unsere selbst gebastelten Vorstellungen; er rechnet mit der Vollendbarkeit seines Werkes, will, dass unser Glück rund und schön sei, ein Friede uns erfülle, der alles Begreifen übersteigt (Phil 4,7).

Die letzte Strophe des Gedichtes »Ergebung« von Joseph von Eichendorff vermag die Gedanken gut zusammenzufassen:

»Du bist's, der, was wir bauen,
Mild über uns zerbricht,
Dass wir den Himmel schauen –
Darum so klag ich nicht.«

Von biblischen Personen auf Umwegen

Von Umwegen des Leidens war die Rede. Sie können herausfordernd und brutal sein, gehen nicht selten an die Substanz des Lebens. Oft zerstören sie Hoffnungen und Vorhaben, die wir in uns tragen. Und dennoch erfüllen sie die Aufgabe, unsere Herzen zu weiten, uns im Glauben, in der Hoffnung und in der Liebe zu festigen. – Im Folgenden sollen anhand biblischer Beispiele noch andere Arten von Umwegen betrachtet werden, nicht solche vornehmlich des Leidens, wie sehr auch leibliche und seelische Schmerzen bei allen Formen von Umwegen mitschwingen. Es sind Umwege, die sich aus der Unbelehrbarkeit des Herzens ergeben, wie es der Fall von Jona exemplarisch darstellt. Dann die lebenslangen Um- und Lernwege des hl. Petrus, die sich vor allem durch die Angst vor dem Leiden abzeichnen. Und schließlich der Umweg des älteren Sohnes in der Geschichte vom barmherzigen Vater, der sich aus innerer Unachtsamkeit, ja aus geistigem Leichtsinn ergab.

Jona – von der Flucht zurückgeholt

Die abenteuerliche Geschichte, die Jona mit seinem Gott durchlebte, ist ein biblisches Paradebeispiel eines Umweges! Wem ist nicht bekannt, wie dieser Prophet vor seiner Aufgabe, die Gott ihm zugedacht hat, wegläuft! Er flieht, was das Zeug hält, so weit weg wie nur möglich, über alle Meere hinweg, nach Tarschisch, dem entferntesten damals bekannten Ort im entlegenen Spanien. Wem hat sich nicht eingeprägt, wie das Schiff, das ihn aufgenommen hat, in Seenot gerät und wie Jona als verdächtige Ursache des Sturmes über Bord geworfen wird. Nach drei Tagen im Bauch des Fisches wird er an ein Ufer geworfen, wo er sich neu besinnt und schließlich bereit wird, sich dorthin senden zu lassen, wohin Gott ihn bestimmt hat. Nach Ninive, zum Predigen der Buße.

»Das Wort des Herrn erging an Jona, den Sohn Amittais: Mach dich auf den Weg, und geh nach Ninive, in die große Stadt, und droh ihr (das Strafgericht) an! Denn die Kunde von ihrer Schlechtigkeit ist bis zu mir heraufgedrungen.

Jona machte sich auf den Weg; doch er wollte nach Tarschisch fliehen, weit weg vom Herrn. Er ging also nach Jafo hinab und fand dort ein Schiff, das nach Tarschisch fuhr. Er bezahlte das Fahrgeld und ging an Bord, um nach Tarschisch mitzufahren, weit weg vom Herrn« (Jona 1,1–3).

Wie ein schlechtes Gewissen sich entlastet

Beginnen wir mit einem Detail, einer scheinbar unbedeutenden Nebensache, die im Text auf folgende Weise festgehalten ist. »Er bezahlte das Fahrgeld.«

In dieser beiläufigen Bemerkung mag ein kleiner Spott mitklingen, vielleicht auch etwas Maliziöses. Sie wird humorvoll gedacht sein, wie ja im ganzen Buch von Jona der Humor immer wieder durchblitzt. In beinahe scherzhafter

Weise wird der Selbstwiderspruch angetippt, in den Jona durch seine Flucht geraten ist, sein schlechtes Gewissen nämlich, genauer die Art und Weise, wie er es zu entlasten sucht.

Jona weiß, so dürfen wir annehmen, dass er im Begriff ist, etwas Grundfalsches zu tun. Gegen besseres Wissen flieht er vor der Aufgabe, die Gott ihm zugedacht hat. Kein Wunder also, dass sein Gewissen ihn zu quälen beginnt und er gleichzeitig nach Wegen sucht, es zu beruhigen. Wie soll er Frieden finden? Am besten dadurch – so würden wir aufgrund unserer Erfahrung raten –, dass er sich erklärt, weshalb es für ihn schwer, ja unmöglich ist, eine solche Aufgabe zu übernehmen; er könnte mildernde Umstände geltend machen, sich herausreden, Buße predigen sei nichts für ihn und übersteige seine Kraft.

Aber nichts von all dem! Nicht durch Worte sucht Jona sein Gewissen zu beruhigen, sondern durch eine Tat. Sie ist klein und scheint bedeutungslos. »Er bezahlte das Fahrgeld.« Er vollbringt, was verlangt ist, tut alles, wie es sich gehört. In diesem Punkt wenigstens soll ihm niemand etwas vorwerfen können. Ob die Erfüllung dieses kleinen, aber nicht unwichtigen organisatorischen Details schon die erhoffte Entlastung des schlechten Gewissens brachte?

Sicher ist, dass hier etwas Allgemein-Gültiges angesprochen wird, eine Gesetzmäßigkeit, der jedes schlechte Gewissen, das sich zu befreien versucht, unterworfen ist: Je quälender der innere Zwiespalt ist, je lauter die Selbstvorwürfe werden, umso ordentlicher und förmlicher wird erledigt, was äußere Nebensache ist. Das Gewissen sucht und bahnt sich selbst die Wege, die zu seiner Entlastung führen, es arbeitet trickreich und erfinderisch, wo es darum geht, die innere quälende Stimme zum Schweigen zu bringen.

Was die kleine Anmerkung vom bezahlten Fahrgeld also aussagt? Sie ist einerseits ein Ausdruck von der quälenden Angst, nicht mitgenommen zu werden. Fliehen und Wegkommen vom angestammten Ort ist für Jona lebenswichtig und ist das Allererste, was ihm gelingen muss. Am Fahrgeld soll dieses Vorhaben nicht scheitern. – Andererseits ist die kleine Anmerkung, wie schon angedeutet, eine Illustration für allgemein menschliche Versuche, das schlechte Gewissen durch überkorrektes Verhalten im Kleinen zu beruhigen. Die Präzision, mit der kleinste Dinge erledigt werden, soll sicherstellen, dass das Leben durchaus in Ordnung ist und bestens funktioniert, dass der Mensch innerlich im Frieden mit sich selbst ist – zumindest dem Scheine nach.

Gefangen in den Plänen Gottes

Der Gewissenskonflikt, dem Jona zu entrinnen sucht, weist noch tiefer auf den großen existenziellen Selbstwiderspruch hin, in den er sich mit der Flucht gebracht hat. Er läuft seiner Lebensaufgabe, die Jahwe für ihn vorgesehen hat, davon, will, wie es heißt, *»fliehen, weit weg vom Herrn«*, gerät dabei in Seenot, wird unfreiwillig ein Verbündeter der Besatzung, die ihn auch gleich verdächtigt, am ganzen Malheur schuld zu sein. *»Da riefen sie zu Jahwe: Ach Herr, lass uns nicht untergehen wegen dieses Mannes, und rechne uns, was wir jetzt tun, nicht als Vergehen an unschuldigem Blut an. ... Dann nahmen sie Jona und warfen ihn ins Meer, und das Meer hörte auf zu toben«* (Jona 1,14f).

Was ist mit dieser Flucht? Wie hat das Ganze begonnen? Es sei erlaubt, die psychologischen Motive, weshalb Jona sich auf die Flucht begibt, etwas auszuleuchten. Da mögen wohl zuerst Gefühle der Angst und Überforderung bestimmend gewesen sein, die Jona in eine innere Abwehrhaltung brachten. »Hände weg«, mag er zu sich selbst gesagt haben, »das geht über meine Kraft. Buße predigen ist nichts für mich. Lieber noch die Ungewissheit einer beschwerlichen Flucht als ein solcher Auftrag.« War es das, was ihn in ein solches Abenteuer stürzen ließ? Oder war es schlicht und einfach Bequemlichkeit, in der er sich nicht gerne stören ließ? Was immer es genau war, mächtig und vehement müssen die Abwehrkräfte gewesen sein, dass sie ihn so weit wegtrieben, so weit, bis er, wie er hoffte, sicher sein konnte, von Gott nicht mehr erreicht zu werden.

Dies mag der Anfang der großen Fluchtbewegung gewesen sein. Weiß Jona, was er tut? Ob er selbst abschätzen kann, in welch schwierige Lage er sich bringt, ja wie hoffnungslos sein Unternehmen ist? Nicht dass das, was er beginnt, praktisch nicht durchführbar wäre. Aber Jona müsste doch wissen, wie unmöglich es für ihn ist, diesem Gott, zu dem er ja mit großer Inbrunst betet, zu entgehen. Er ist ja durchaus ein Mann, der an seinem Gott hängt und sein Vertrauen zu ihm ausspricht. Wie sonst hätte er in solcher Deutlichkeit den Auftrag, nach Ninive zu gehen, hören und empfangen können? Auch das Gebet, das er im Bauch des Fisches verrichtet, verrät seine tiefe Verbundenheit mit Gott. Er betet mit Worten aus den Psalmen und müsste von dorther wissen, wie schwierig, ja wie unmöglich es ist, Gottes Plänen zu entkommen: »*Nehme ich die Flügel des Morgenrotes und lasse mich nieder am äußersten Meer, auch dort wird deine Hand mich ergreifen und deine Rechte mich fassen*« (Ps 139,9–10).

Aus seinem Beten heraus muss Jona auch wissen, dass dieser mächtige Gott seine Pläne, mögen diese dem Menschen noch so widerstreben, verwirklicht und umsetzt; und zwar auf eine kraftvolle und unbeirrbare Weise, gegen alle menschlichen Ausreden und Unbelehrbarkeit. »*Ich habe von Anfang an die Zukunft verkündet und lange vorher gesagt, was erst geschehen sollte. Ich sage: Mein Plan steht fest und alles, was ich will, führe ich aus. ... aus einem fernen Land rief ich den Mann, den ich brauchte für meinen Plan. Ich habe es gesagt, und ich lasse es kommen. Ich habe es geplant, und ich führe es aus*« (Jes 46,10f).

Der Gott, zu dem Jona betet, verwirklicht, was er plant. Er bietet dazu alle erdenklichen Mittel auf, handgreifliche und massive, lässt Jona über die Reling werfen, um ihn so, auf diesem »nassen Umweg« dorthin zu beordern, wo er seit Urzeiten nach Gottes Willen sein soll. Wer nicht hören will, muss fühlen. Und siehe da: Die Kur war heilsam. Nachdem der widerspenstige Prophet an Land geworfen war, »ergeht das Wort des Herrn ein zweites Mal an Jona: ›Mach dich auf den Weg und geh nach Ninive‹… und Jona machte sich auf den Weg …, wie der Herr es ihm befohlen hatte« (Jona 3,2f).

Für Ninive vorgesehen

Was sagt die Geschichte dieses widerspenstigen Propheten über das Wesen der Umwege? – Sie zeigt einerseits die Stärke, ja die unfehlbare Wirkkraft, mit der Gott die Pläne, die er mit einem Menschen verfolgt, in die Tat umsetzt. Er, der Allmächtige, kommt an sein Ziel, verwirklicht in unendlicher Geduld, was er vorhat. Konkret bei Jona: Jahwe stoppt den Flüchtigen und bringt sein ganzes Unternehmen zum Scheitern; er lässt ihn so in innere und äußere Not geraten, dass er innerlich bereit wird, ernsthaft auf das zu hören, was Gott ihm zu sagen hat. Dieser Gott stößt Jona nicht einfach mit physischer Gewalt dorthin, wo er ihn haben will, zwingt ihn nicht gegen seinen Willen in die große Aufgabe hinein. Vielmehr will er die freie Zustimmung, ein Ja zum geöffneten Weg, die Bereitschaft, sich schicken zu lassen. Dadurch dass die Flucht boykottiert wird, kommt Jona zu sich, wird im wahrsten Sinn ein Glaubender, der erneut bereit ist, zu hören und zu gehorchen. »Das Wort des Herrn erging zum zweiten Mal an Jona« (Jona 3,1).

Zudem illustriert die Geschichte, wie die göttlichen Pläne sowohl allgemein wie konkret sind. Gott will, wie es das Beispiel von Jona deutlich zeigt, dass die Menschen zu jener Bestimmung gelangen, die für sie vorgesehen ist. Dieser Weg und dieses Ziel konkretisieren sich in dem Maße, als der angesprochene Mensch zu immer präziserem Hören bereit wird.

Wo Jona Gott Raum gibt, ihm Gehör schenkt, da wird auch die Aufgabe, die er zu übernehmen hat, konkret. Zwar weiß er von Anfang an, was auf ihn wartet. Es ist Ninive, die Predigt zur Buße, die Rettung einer Stadt. In diesem Sinne bleibt er von den Plänen Gottes umfangen, hat, sofern er sein Leben von Gott bestimmen lassen will, im Grunde keine Wahl. Es ist schon über ihn und sein Geschick entschieden. Jona aber braucht Zeit, muss einen Weg des Lernens und Glaubens gehen, um bereit zu werden, diesen göttlichen Plänen zuzustimmen. Bei all seinem dezidierten Willen zur Flucht lässt er sich dennoch von höherer Gewalt, die ihn ins Meer werfen lässt, führen. Auf diese Weise, im langen Atem der Ewigkeit, setzt sich der Plan Gottes bei ihm durch und wird konkret.

Petrus: Geführt werden, wohin du nicht willst

Eine weitere Art von Umwegen kann am Leben des hl. Petrus veranschaulicht werden. Sein Weg in der Nachfolge Jesu ist nicht ein großer Bogen einer Flucht wie bei Jona, ist nicht ein Suchen von Distanz und Ferne zu seinem Gott, vielmehr sind es die kleinen Fluchten vor dem Ruf Jesu, genauer vor den Folgen und Konsequenzen. Dass dieser Weg ins Kreuz, ins Leiden und in die Schmach führen soll, geht Petrus nicht in den Kopf. Ein Leben lang tut er sich schwer mit dem Ablegen seiner Vorurteile, der Korrektur seiner spontanen Einfälle. Sein Umweg ist ein lebenslanger und leidvoller Lernweg, auf dem er sich allmählich in die Schule Jesu einweisen lässt. Er wird geführt, wohin er spontan und aus seinem ersten Instinkt heraus nicht will, wohin er aber soll und wohin zu gehen er schließlich befähigt wird, wie es in der folgenden Geschichte deutlich wird.

Als Amtsträger auf unbekannten Lernpfaden

»*Als sie gegessen hatten, sagte Jesus zu Simon Petrus: Simon, Sohn des Johannes, liebst du mich mehr als diese? Er antwortete ihm: Ja, Herr, du weißt, dass ich dich liebe. Jesus sagte zu ihm: Weide meine Lämmer. Zum zweiten Mal fragte er ihn: Simon, Sohn des Johannes, liebst du mich? Er antwortete ihm: Ja, Herr, du weißt, dass ich dich liebe. Jesus sagte zu ihm: Weide meine Schafe! Zum dritten Mal fragte er ihn: Simon, Sohn des Johannes, liebst du mich? Da wurde Petrus traurig, weil Jesus ihn zum dritten Mal gefragt hatte: Hast du mich lieb? Er gab ihm zur Antwort: Herr, du weißt alles, du weißt auch, dass ich dich lieb habe. Jesus sagte zu ihm: Weide meine Schafe! Amen, amen, das sage ich dir: Als du noch jung warst, hast du dich selbst gegürtet und konntest gehen, wohin du wolltest. Wenn du aber alt geworden bist, wirst*

du deine Hände ausstrecken und ein anderer wird dich gürten und
dich führen, wohin du nicht willst. Das sagte Jesus, um anzudeu-
ten, durch welchen Tod er Gott verherrlichen würde. Nach diesen
Worten sagte er zu ihm: Folge mir nach!« (Joh 21,15–19).

»Geführt werden, wohin du nicht willst!« Dieses Wort ist
zu Petrus gesprochen. Und zwar zu einem Zeitpunkt, wo er
zum Hirten und Führer der Kirche bestellt werden soll. Was
dazu nötig ist? Nicht weniger als eine große Liebe zu Jesus,
eine Liebe, die stärker und treuer ist als die Liebe, wie sie
zwischen den Menschen vorkommt. Deshalb wird Petrus
ausdrücklich danach gefragt: »Liebst du mich mehr als
diese hier?« Wo dies klar ist, wird der Auftrag ausgeführt:
»Weide meine Lämmer!«

Es mag zufällig scheinen: Just im Augenblick, wo Petrus
zum Hirten der Kirche bestellt wird, kommt die Prophezei-
ung von fremden und unerwünschten Wegen. In der Tat:
Wie sich sein Leben entwickelt, ist jenseits all dessen, was
man hätte erwarten und voraussagen können. Es fängt
schon früh an, mit dem Verlassen seines Berufes, es folgt die
Verleugnung und die Flucht vor dem Kreuz, schließlich ist
Pfingsten ein so umwerfendes Ereignis, dass Petrus und die
anderen Apostel innerlich völlig verwandelt wurden. Sie
werden in einem solchem Maße von Enthusiasmus erfüllt,
dass sie, die sich noch vor Kurzem schüchtern zurückgezo-
gen und eingemauert hatten, nicht mehr zu erkennen sind.
Sie fühlen sich getrieben, in alle Welt zu gehen, tragen die
Botschaft Jesu vor Regierungen und in Gefängnisse, können
nicht verschweigen, wovon Herz und Kopf übervoll sind.
Sie werden alle auf Wege geführt, die sie weder erahnt haben noch eigentlich wollten, wozu sie aber nun Kraft und
Freude bekommen haben.

Und zum Schicksal von Petrus selber: Was ihm angekün-
digt wird, ist die Weise seines Sterbens, durch die er Jesus
auch im Tod ähnlich werden soll. Am Kreuz wird er sein
Leben beenden, mit dem Kopf nach unten, spiegelverkehrt
zum Tode Jesu, wie es die spätere Legende festhält, als grau-

samer Martertod, als Besiegelung jener Liebe, die er hier, jetzt vor Jesus bekannt hat.

Das Wort von diesen nicht gewollten Wegen deutet die Art des Sterbens an, ist also eine Aussage über die Zukunft. Das Wort kann aber auch rückwärts gelesen werden, als Zusammenfassung und Interpretation all der Jahre, die Petrus mit Jesus verbracht hat. Diese waren gefüllt von unfreiwilligem und mühsamem Lernen, von schwierigen Lektionen, von Gedanken und Aussichten, die in keiner Weise in das Ganze des bisherigen Lebens passten. Die Erfahrungen, die Petrus im Zusammensein mit Jesus machte, waren nicht einfach eine logische Fortsetzung dessen, was er bis dahin getan hatte. In allen Bereichen musste er umlernen, vieles vergessen und zurücklassen, Beruf und Familie. Er war genötigt, Gewohnheiten seines gesellschaftlichen Lebens aufzugeben. Sein Weg mit Jesus, der voller Enthusiasmus und mit vielen Überraschungen begann, blieb gezeichnet von Widerstreben und Rückfällen. Immer wieder blieb Petrus in den alten Schemata des Denkens, wurde deshalb von Jesus zurechtgewiesen, hin und wieder auch hart getadelt (Mt 16,22; Mk 8,33). In diesem Sinne ist das Wort vom »Geführtwerden, wohin du nicht willst« auch eine Zusammenfassung vergangener, gemeinsamer Lebenszeit mit Jesus.

Früh vereitelte Hoffnungen

Noch ein bedeutendes Detail im Text! »Als du jung warst, gingest du, wohin du wolltest!« Ob das so stimmt? Jugend als Zeit der Selbstbestimmung, als Durchsetzung eigener Wünsche, die frühen Jahre als Zeiten eigener Wahl! – Dagegen ist zu bedenken, dass man nicht besonders alt werden muss, um Wege kennenzulernen, die man sich nicht wünscht. Wie oft werden Menschen schon früh auf Wege gewiesen, die ihnen nicht entsprechen und die sie nie wählen konnten. Wie oft werden Lebenshoffnungen schon im

Keime erstickt, bevor sie richtig zum Vorschein kommen! Unzählige junge Menschen können ihre Begabungen nie richtig entfalten, werden an einen Beruf gefesselt, den sie nicht lieben können, oder an einen Lebensstil, den sie verabscheuen. Wie viele geraten im Lauf ihres Lebens, durch wessen Schuld auch immer, in Zwänge, die sie nicht abschütteln können, werden vor vollendete Tatsachen gestellt, ohne um ihre Zustimmung gefragt worden zu sein.

Wie eine solche leidvolle Fremdbestimmung aussehen kann, davon zeugen die Worte, die mir eine junge Frau schrieb: »Jesu Zärtlichkeit und Liebe sind mir unerträglich. Und ich weine, weil ich bei ihm ankomme und so viel Müdigkeit über Vergangenes mitbringe. Ich bin weiter verwirrt, da ich nicht verstehe, wie mich ein liebender Gott, der mich in die Arme nimmt und ganz annimmt, mich all das hat leben lassen. Warum wurde aus dem so fröhlichen, gewitzten und lebendigen Kind, das alle mochten, aus der so unschuldigen idealistischen und naiven Jugendlichen eine um Gesundheit und Heil so sehr kämpfende erwachsene Frau, verwundet durch Einsamkeit und Alleinsein, gesundheitliche Rückschläge, Enttäuschungen, Grobheit und Härte mancher Mitmenschen und das verlorene Lebensziel der Partner- und Mutterschaft? Die Antwort, dass Gott seine eigenen Pläne mit mir hat, ist mir unerklärlich. Wenn er auch nur eine Prise Verantwortung dafür mitträgt, was ich erfahren habe, ist mir das unerträglich. Doch gebe ich nicht auch ihm all meinen Dank und meine Freude für das, was positiv in meinem Leben geschieht? Trägt er für das Positive auch nur einen Hauch von Mittun?«

Aufgebrochen für göttliche Möglichkeiten

Das Zeugnis dieser jungen Frau zeigt, wie das Wort von den nicht gewünschten Wegen nicht bloß für altersmäßig Fortgeschrittene gilt oder für Menschen, die in der Nachfolge Jesu mit einem Amt betraut werden, nein, es gilt überall, auf allen Lebensstufen, bleibt vor allem ein Gesetz jener Wege, die im Glauben an Jesus gewählt und gegangen werden. Wer sich in diese Spur begibt, wird sich auf solch ungewohnte Wege gefasst machen müssen. Es wird ihm, in Entsprechung zum Weg des hl. Petrus, ähnlich ergehen, dass er von der Person Jesu wie von einem großen und starken Magneten angezogen wird; er wird mit dem Geheimnis dieser Person vertraut, lässt sich auf Wege führen, die weit über das hinausgehen, was er selber sich hätte zurechtlegen können. Und es ist gut so! Wir brauchen diese Herausforderung für unseren Glauben, das Überschreiten selbst gesetzter Grenzen, die Weitung unserer Herzen. Denn immer sind wir in unserer Trägheit versucht, es uns in den eigenen vier Wänden allzu behaglich einzurichten, uns zu schnell zufriedenzugeben mit unserer Mittelmäßigkeit und mit einem kleinen bürgerlichen Glück. C. S. Lewis hat diese Menschen im Visier, wenn er schreibt:

»Und so richtet er sich ein und lernt es, nicht zuviel vom Leben zu erwarten und das zu unterdrücken, was er ›nach dem Unmöglichen streben‹ nennt. ... Ein Mensch, der ohne Illusionen lebt, wird zwar leicht zum hochmütigen Sonderling, der gegenüber jungen Menschen (er nennt sie abschätzig ›Halbwüchsige‹) ziemlich hochfahrend sein kann. Aber im Großen und Ganzen schlägt er sich ganz gut durch. Ja, man könnte sagen, seine Einstellung sei die beste, wenn der Mensch nicht ewig leben würde. Was aber, wenn es unendliches Glück wirklich gibt und es nur auf uns wartet? Was, wenn der Mensch doch nach den Sternen greifen kann? Wäre es dann nicht jammerschade, wenn uns die Augen zu spät aufgehen und wir erst im Moment des Todes erkennen würden, dass unser ›gesunder Menschenverstand‹ uns

darum gebracht hat, uns tatsächlich an diesem ewigen Glück zu erfreuen?«[14]

Wie schon angedeutet: Wir Menschen haben es in unserer Natur, in unserem lähmenden Schwergewicht, dass wir uns ungern bewegen und stören lassen. Wir bleiben defensiv gegen alles Neue, das uns aus der Ruhe bringen könnte, sind ängstlich darauf bedacht, unsere ach so zerbrechlichen Sicherheiten zu wahren und zu verteidigen. Allzu dicht segeln wir den eigenen Ufern entlang, merken dabei nicht, wie wir aufgehört haben, vom großen, weiten Meer, den unendlichen Möglichkeiten Gottes zu träumen. Was das Leben doch alles sein und noch werden könnte, wenn wir uns von diesem großen Gott führen ließen, dorthin, wohin wir zwar in den ersten Überlegungen nicht wollen, wir aber dennoch können und sollen. Wie ein Wort des hl. Ignatius es unterstreicht: *»Nur wenige Menschen ahnen, was Gott aus ihrem Leben machen würde, wenn sie sich ihm ganz anvertrauten.«*

[14] C.S. Lewis, Pardon, ich bin Christ, Brunnen Verlag, Basel/Gießen 81990, 125.

Der ältere Sohn: auf dunklen Wegen

Es bleibt eine letzte Form von Umwegen zu bedenken, für die der ältere Sohn im Gleichnis vom barmherzigen Vater als Beispiel dient. Es handelt sich dabei nicht um ein bewusstes Weglaufen aus den göttlichen Plänen wie bei Jona, auch nicht um das häufige Versagen und Weiterlernen wie bei Petrus, sondern um ein Hineingleiten in Wege und Irrungen, die man nicht will und nicht anzielt. Es sind Umwege, die man nicht eigentlich betritt, sondern solche, auf die man gerät, die sich, ohne dass man es merkt, einfädeln, automatisch, ohne und oft auch gegen unseren Willen.

Freudlose Erfüllung von Pflicht

Ein solcher Umweg ist uns in der biblischen Geschichte vom barmherzigen Vater berichtet; insbesondere im Teil des älteren Bruders.

»Sein älterer Sohn war unterdessen auf dem Feld. Als er heimging und in die Nähe des Hauses kam, hörte er Musik und Tanz. Da rief er einen der Knechte und fragte, was das bedeuten solle. Der Knecht antwortete: Dein Bruder ist gekommen, und dein Vater hat das Mastkalb schlachten lassen, weil er ihn heil und gesund wiederbekommen hat. Da wurde er zornig und wollte nicht hineingehen. Sein Vater aber kam heraus und redete ihm gut zu. Doch er erwiderte dem Vater: So viele Jahre schon diene ich dir, und nie habe ich gegen deinen Willen gehandelt; mir aber hast du nie auch nur einen Ziegenbock geschenkt, damit ich mit meinen Freunden ein Fest feiern konnte. Kaum aber ist der hier gekommen, dein Sohn, der dein Vermögen mit Dirnen durchgebracht hat, da hast du für ihn das Mastkalb geschlachtet. Der Vater antwortete ihm: Mein Kind, du bist immer bei mir, und alles, was mein ist, ist auch dein. Aber jetzt müssen wir uns doch freuen und ein Fest feiern, denn dein Bruder war tot und lebt wieder; er war verloren und ist wiedergefunden worden« (Lk 15,25–32).

Was dieser Geschichte vorausgeht? Ein Vater hat zwei Söhne. Der jüngere von ihnen bricht eines Tages auf, will seine Unabhängigkeit und Autonomie, löst sich deshalb aus den väterlichen Banden und zieht weg. Dabei gerät er in äußeres, aber auch großes inneres Elend. Als keine Hilfe mehr sichtbar ist, beschließt er den Rückweg zu seinem Vater anzutreten, von dem er in großer Barmherzigkeit und mit einem Fest empfangen wird. Sein älterer Bruder hingegen, von dem im obigen Text die Rede ist, verbringt sein Leben zu Hause in treuem Arbeiten, im väterlichen Betrieb. Er ist verlässlich in seiner Pflicht, korrekt in seinem Verhalten. Da ist kein Anlass zum Klagen, kein Grund zu Aufsehen. Er selber glaubt sich untadelig und in allen Dingen im Recht. Wie sehr er sich in dieser Selbsteinschätzung täuscht, wird klar bei der Rückkehr seines jüngeren Bruders.

Werfen wir vorerst einen Blick auf die konkrete Situation dieses älteren Bruders, wie sie uns im Text beschrieben ist. Was beschrieben wird, ist ein ganz gewöhnlicher Alltag auf einem bäuerlichen Betrieb. Arbeit und nochmals Arbeit, »all die Jahre«, wie es heißt. Da gibt es keine besonderen Ereignisse, die erwähnenswert scheinen, keine Unterbrechungen, schon gar keine Feste.

Jedoch! Mag diese Arbeitswelt zwischen Vater und Sohn, zumindest von außen gesehen, bestens funktionieren, im Innern ist etwas faul. Ein Hauch von einem Misstrauen, eine Spannung, ein Schatten liegt über dem Ganzen. Zwar gibt es keinen Streit, schon gar kein Zerwürfnis, kein äußeres zumindest. Man arbeitet miteinander, hat miteinander zu tun, zumindest soweit es die täglichen Erledigungen erfordern; man ist einander äußerlich nahe, innerlich jedoch hat sich eine Distanz breitgemacht, die den älteren Bruder von seinem Vater trennt.

Das Fest – ein Gradmesser von Liebe

Bewegung in diese monotone und belastete Arbeitswelt kommt erst, als der jüngere Sohn nach Hause kommt, und dann, als der Vater diese Heimkehr mit einem pompösen Fest feiern lässt. Damit ist das Stichwort gegeben, das den älteren Bruder schon lange plagt: Feste feiern! So etwas hat schon lange nicht mehr stattgefunden. Nun ist für ihn die Stunde gekommen, lang angestauten Ärger vorzubringen und alte Rechnungen auf den Tisch zu legen. Verständlich ist deshalb der Vorwurf: »*All die Jahre habe ich dir gedient ... und nie hast du mir auch nur einen Ziegenbock gegeben, damit ich mit meinen Freunden ein Fest feiern konnte*« (Lk 15,20).

Dieser Vorwurf mag Richtiges meinen und in den Gefühlen durchaus berechtigt sein, er geht aber doch ins Leere. Noch mehr: Er ist ein Bumerang, der auf den älteren Bruder selber zurückfällt.

Dass es nämlich keine Feste gab, das lag nicht an der mangelnden Großzügigkeit des Vaters, der seinem Sohn nichts Gutes und Schönes gönnen wollte; auch nicht daran, dass dieser Vater gegenüber den beiden Söhnen ungerecht gewesen wäre, indem er dem jüngeren Sohn zu seiner Heimkehr einen festlichen Empfang bereitete und ihn so privilegierte. Nein, der Grund für das gewünschte Fest, das nicht stattfand, lag einzig beim älteren Sohn selber. Es hätte gefeiert werden können, wenn dieser erkannt hätte, dass die Gemeinschaft mit seinem liebenden Vater der eigentliche Grund für ein Fest war. Aber er war schon lange nicht mehr der Sohn, der aus der Liebe seines Vaters lebte, er betrachtete sich nur noch als sein nützlicher Knecht. Es hätte vielleicht noch ein ehrendes Arbeitsessen stattfinden können, aber für ein Fest fehlten die Voraussetzungen.

Denn: Was braucht es zu einem Fest? Mehr und etwas anderes als Requisiten, schöne Kleider, Essen und einen musikalischen Rahmen. Es braucht Menschen, die aufgeschlossen sind für die Freude, die bereit und willens sind, dieser

Freude auch Raum zu geben. Oder noch genauer: Es braucht zu einem Fest Menschen, die etwas vom eigenen Glück darin finden können, wenn ihnen durch Worte und Gesten gesagt wird, dass sie mehr sind als das, was sie leisten, mehr als gute Knechte, wenn ihnen in Erinnerung gerufen wird, dass sie geliebte Söhne und Töchter eines guten Vaters sind. Das ist es, was ein Fest ermöglicht.

Alles, was äußerlich und innerlich zu diesem Fest des älteren Sohnes nötig gewesen wäre, war da und auch vorhanden: die unbedingte Zuneigung des Vaters, auch die nötigen materiellen Güter, selbst das beste Kalb. Es hätte gefeiert werden können, aber es fehlte der Mensch, der darin Freude gefunden hätte, ein geliebter Sohn eines unendlich liebenden Vaters zu sein. Wie richtig ist doch die Notiz aus dem Tagebuch von Friedrich Nietzsche: *»Nicht das ist das Kunstwerk, ein Fest zu veranstalten, sondern solche zu finden, welche sich an ihm freuen.«* [15]

Wie geistige Fundamente zerfallen

Woran lag es nun, dass der ältere Sohn so freud-, aber auch so lieblos geworden ist? Wo hat es in seiner Lebensgeschichte begonnen? Da ist kein markanter Punkt, an dem abzulesen wäre, wo die innere Charakterentwicklung eine Wende genommen hätte. Kein sichtbar überlegter Entscheid, noch weniger eine böse Tat, wodurch die Freude vertrieben worden wäre, sodass man sagen könnte: hier in diesem Jahr, mit diesem Schritt, ist alles trauriger und düsterer geworden. Nichts dergleichen, nicht so wie beim jüngeren Bruder, der mit einer spektakulären Geste des Abschiedes eine eindeutige Kursänderung provozierte. »Vater, gib mir das Erbteil, das mir zusteht« (Lk 15,12).

---

[15]   Friedrich Nietzsche, Gesammelte Werke, München 1922ff, Bd. 9, 480.

Nein, die Wende zum Negativen entstand beim älteren Bruder auf eine andere Weise. Nicht durch einen Willensakt, sondern durch innere geistige Unaufmerksamkeit, ja durch Leichtsinn. Irgendwann hörte er auf, die Nähe und die Liebe seines Vaters zu schätzen, emigrierte innerlich aus dieser Verbindung und verlor dadurch jegliches Vertrauen. Auf diese Weise hat sich, ohne dass er es wahrscheinlich bemerkte, ein Misstrauen eingeschlichen und eine innere Entfremdung gebildet. Allmählich, nach und nach, schleichend.

Das Fatale an einem solchen inneren Zerfall von Vertrauen liegt daran, dass sein Entstehen kaum wahrgenommen wird – gerade in den ersten Anfängen, in den verborgenen Keimen. Es bahnt sich einfach etwas an, ein wenig fast hinter dem eigenen Rücken, leise und lautlos. Man gewöhnt sich daran, dass es immer freudloser zugeht, es keine Feste mehr gibt, findet es normal, dass die geistigen Wünsche und Ansprüche abnehmen, Bequemlichkeit und Trägheit sich breitmachen. Wie gesagt: Es ist fatal. Es ist wie beim Eindunkeln in den Bergen: Während es geschieht, merkt man nichts. Plötzlich ist es Nacht.

Eine eindrückliche Formulierung für solch einen lautlosen Zerfall von Grundvertrauen, von Treue und Freude findet sich im Gedicht von Hildegard Knef: Der Tag holt Luft. In Langeweile, mit einem faden Geschmack im Mund, werden alltägliche Vorgänge beschrieben: Das Ticken der Uhren, das Lesen von Zeitungen. Man wird Zeuge, wie diese alltäglichen Dinge an Kontur und Lebendigkeit verlieren, wie der junge Morgen alt wird und die Freude langsam schwindet.

Der Tag holt Luft

Auf dem Boden liegt die Zeitung, leer gelesen,
hinterließ nur Schales, gar nichts, das mich freut;
teilnahmslos das Schwarze hinter Fenstern,
vier schlug's irgendwo, dann viertel und auch halb.

In unbekannte Richtung laufen Nerven,
zwischen Hals und einem Brustbein tickt die Nacht;
anspruchslos das Graue hinter Fenstern,
fünf schlug's irgendwo, dann sieben und auch acht.

Der Tag holt Luft und knackt mit den Gelenken,
vorm Horizont klebt der Antennenwald,
die Krähen reden ohne Konsonanten,
und überm Kaffeefilter wird der junge Morgen alt.

Zementblock Langeweile hockt auf Straßen,
auf Zehenspitzen hüpft betulich uns're Pflicht;
im Spiegel seh' ich Fahles, ganz am Rande,
dass ich das bin – beschwören möcht' ich's nicht.

Ich konstatiere 110 zu 80 Blutdruck,
denk' an Vitamine, Krieg und auch Diät;
die Freude ging mir irgendwann verloren,
und als ich's merkte, war's leider schon zu spät.
HILDEGARD KNEF[16]

Wie freud- und lieblos es schließlich im Inneren des älteren Bruders aussieht, wird am Ende der Geschichte noch überaus deutlich. Die Art und Weise nämlich, wie er seinen jüngeren Bruder empfängt resp. nicht empfängt, offenbart, wie viel Härte, Verachtung und Ablehnung, auch Unwillig-

---

[16] Hildegard Knef, Der Tag holt Luft © Funkturm Verlag GmbH/Peer Music.

keit zur Vergebung, hinter seinem vordergründig so korrekten Verhalten liegen. Über alle Maße entrüstet, dass ein Fest für diese verkrachte Existenz der Familie angesagt wird, hält er sich in trotziger Distanz. Mit wegwerfender Geste tritt er neben den Heimgekehrten, nennt ihn nicht beim Namen, spricht nicht eigentlich zu ihm, schaut vielmehr an ihm vorbei, indem er zum Vater gewendet sagt: »Der hier … dein Sohn ist wiedergekommen.«

Der Vater aber, von Freude über den zurückgekehrten Sohn ganz erfüllt, möchte die Härte und Verachtung, mit der sein älterer Sohn dem jüngeren entgegentritt, mildern. Diskret und schonungsvoll weist er ihn darauf hin, dass es doch nicht irgendeiner ist, nicht »der hier«, der nach Hause gekommen ist, sondern sein Bruder. »Aber jetzt müssen wir uns doch freuen und ein Fest feiern; denn dein Bruder war tot und lebt wieder; er war verloren und ist wiedergefunden worden« (Lk 15,32).

Wie die Geschichte schließlich ausgeht, ist nicht festgehalten. Mit Absicht wohl ein offener Schluss. Es bleibt in Gottes Barmherzigkeit beschlossen, ob der ältere Sohn sich nach der väterlichen Ermahnung anders besonnen hat und schließlich doch zur Festgemeinschaft stößt. Es ist zu hoffen. Beide Söhne haben sich von ihrem Vater entfernt und müssen um die Wiederaufnahme in seine Gemeinschaft bitten.

Von der Gnade eines neuen Anfangs

Umwege wurden bedacht! Vor allem ihre Ursprünge und Anfänge, wie und wo sie sich bilden. Im menschlichen Herzen, in der Blindheit und Rechthaberei unseres Geistes oder auch in den Zwängen der Umwelt. Immer geraten wir auf Wege, deren tieferer Sinn für uns im Dunkeln bleibt und deren Wirkung oft zerstörerisch ist. – In den folgenden Kapiteln wird der Blick ausdrücklich auf das gerichtet, was aus Umwegen und Sackgassen herausführt. Befreiung aus verzwickten Situationen, Licht und Hoffnung in den Engpässen. Gott lasse denjenigen, die ihn lieben, alles zum Guten gereichen, heißt ein Wort aus dem Römerbrief des hl. Paulus (Röm 8,28). Augustinus fügt lapidar und mutig hinzu: Auch die Sünde! – Von diesen großen Möglichkeiten Gottes, von seiner Macht, auf krummen Linien gerade zu schreiben, alle unsere dunklen Wege auf sein Licht hin zu lenken, ist im Folgenden die Rede.

Wie Vergebung aus Umwegen herausführt

Wo Menschen miteinander auf Umwege oder in Sackgassen geraten, wo sie in Streit kommen oder gar aneinander scheitern, da ist es nicht leicht, erneut miteinander einen Weg zu finden. Die Erfahrung lehrt es uns klar: Schmerzliche Vergangenheit lässt sich nicht einfach mit einem Willensakt ablegen. Es genügt auch nicht, die Sache allein der Zeit überlassen zu wollen. Diese heilt bekanntlich viele Wunden, aber nicht alle. Ebenso wenig hilft, wenn wir uns die leidige Sache vom Leib halten, uns souverän geben, so als ob uns die Sache nicht berührte, wir gefühlsmäßig über ihr ständen. – Auch genügt nicht, über eine Konfliktsituation zu beten und alle, die an ihr beteiligt sind, im Gebet um Verzeihung zu bitten. Man kann ärgerliche Dinge auch auf fromme Weise zu entsorgen suchen, sie hinter die Schultern werfen. Für den Moment mögen sie dadurch fort sein; sind aus den Augen, aber nicht aus dem Sinn.

Zwar weist ein Satz des hl. Paulus in die gleiche Richtung. Im Brief an die Philipper schreibt er: »Ich vergesse, was hinter mir liegt, und strecke mich nach dem aus, was vor mir ist« (Phil 3,13). In gewissem Sinne möchte man diesem Satz recht geben. Was nützt es, ärgerliche Sachen, die vergangen sind, wieder aufzuwärmen, begangene Dummheiten hervorzuholen? Trübe Stimmungen und traurige Tage gehören dorthin, wo sie waren, in die Vergangenheit, ins Vergessen. Man lässt sie am besten auf sich beruhen.

Mut zur Erinnerung

Dann aber gibt es doch Dinge, problematische und dornige vor allem, die nicht einfach durch Vergessen gelöst werden. Denken wir an Unrecht, das wir selber getan oder erlitten haben, an Unternehmungen, aus denen Zwietracht entstand und an deren Ende massive negative Gefühle waren. Abneigung, Hass, Rache. Wenn hier ein neuer gemeinsamer Weg, ein Einvernehmen gefunden werden soll, genügt nicht ein leicht hingesagtes »Sorry« oder »Schwamm drüber«. Schnelles Vergessen-Wollen ist eher schädlich, behindert einen Neuanfang, das Entstehen von Frieden. Vielmehr kommt in solchen Fällen ein altes jüdisches Gesetz zur Anwendung, wonach wahre Versöhnung ohne Erinnerung gar nicht möglich sei. »Das Vergessen-Wollen verlängert das Exil, und wahre Versöhnung liegt in der Erinnerung.« – Soll all das Vertrauen und das gegenseitige Wohlwollen, das zu Schaden gekommen ist und zerbrochen wurde, wiederhergestellt werden, ist es nötig, sich dem zuzuwenden, was geschehen ist und was am Ursprung der Entzweiung lag.

Keine leichte Sache! Wer weiß nicht, wie viel Mut und Courage es kostet, wieder aufeinander zuzugehen, Schritte zum Gespräch zu machen und sich der Erinnerung zu stellen. Nichts Heikleres, als miteinander über gegenseitig sich zugefügtes Leid ins Gespräch zu kommen. Man macht sich, wo man es versucht, wehrlos, angreifbar und erneut verletzbar. Die Angst vor der Unberechenbarkeit der Emotionen, die da aufbrechen können, aber auch die Befürchtung vor neuen Missverständnissen und Zerwürfnissen, ist groß. Es gilt nicht wenige innere Widerstände zu überwinden, um aufeinander zuzugehen, den Faden wieder aufzunehmen und den richtigen Ton zu finden. Gut beraten ist gewiss, wer für solche Schritte eine Hilfe von außen erbittet und annimmt.

Was es zu solchen Gesprächen braucht? Ein minimales Interesse daran, dass die Dinge wieder eingerenkt werden, vor allem aber die Bereitschaft, eigene Standpunkte infrage zu stellen und zu korrigieren. Es darf dabei nicht darum gehen, unbedingt recht zu bekommen oder gut dazustehen. Noch weniger darum, in den Wunden, die beide Seiten abbekommen haben, herumzustochern. Diese sollen nicht geleckt, sondern gereinigt werden, das heißt, es müssen Missverständnisse geklärt werden, die eigentlichen Absichten, die hinter dem ungeschickten Ausdruck oder hinter dem scharfen Ton waren, zur Sprache kommen. Bleiben die Wunden der Verletzung von ungeklärtem Schmutz durchzogen, ist es unwahrscheinlich, dass Heilung eintreten kann. Es bleibt ein schwärender Infektionsherd, der den ganzen Organismus schädigt und die Zukunft belastet.

Wird das Gespräch jedoch gewagt, selbst auf die Gefahr hin, neu enttäuscht zu werden oder zu scheitern, ist allerdings viel gewonnen. Man spricht wieder miteinander und schaut sich in die Augen. Wenn auch nicht mehr alles so ist wie früher, befindet man sich doch auf einem neuen, gemeinsamen Fundament. So wie es Bert Brecht in seinem Gedicht »Der abgerissene Strick« sagt:

Der abgerissene Strick
kann wieder geknotet werden
er hält wieder, aber / er ist zerrissen.

Vielleicht begegnen wir uns wieder,
aber da, / wo du mich verlassen hast
triffst du mich / nicht wieder.

Ins Religiöse flüchten

Noch einmal: Heikel ist das Unternehmen, das hier zur Diskussion steht. Groß und zahlreich dementsprechend die Versuche, ihm auszuweichen. Wir tun alles, um an den Gesprächen, die dafür nötig sind, vorbeizukommen, suchen Entschuldigungen und Fluchtwege noch und noch … und finden sie auch.

Eine nicht seltene Weise, um an dieser Notwendigkeit von Gesprächen vorbeizukommen, ist die Flucht ins Religiöse. Ein spezifisch frommer Ausweg: Hinein ins Gebet, weg von diesen Gesprächen, die ohnehin nichts bringen und vielfach neuen Streit erzeugen. Entscheidend sei doch, so der fromme Vorschlag, die leidige Sache vor Gott in Ordnung zu bringen, füreinander zu beten und darin einander zu vergeben.

Es ist in der Tat bequemer und auch unverfänglicher, eine innere Entzweiung auf solche religiöse Art zu bereinigen. Jedermann weiß, dass es uns weniger kostet, für einen Erzfeind zu beten, als einem unfreundlichen Nachbarn, der uns beleidigt hat, die Hand hinzustrecken. Beten fällt uns leicht, aber es ist in diesem Fall doch nicht die wahre Lösung, entspricht auch nicht den Forderungen, die das Evangelium formuliert: »*Wenn ich jemandem, der Zuneigung, Freundschaft oder Eros erneuern will, sage: ›Ich vergebe dir als Christ‹, so bedeutet das nichts anderes als die Fortsetzung des Streites. Wer das sagt, lügt natürlich. Aber man würde so etwas nicht unaufrichtig sagen, um zu verletzen, wenn es nicht verletzte, falls es wahr wäre.*«[17]

Was nun die wahre christliche Lösung betrifft, steht eine massive Richtungsanzeige im Evangelium, ein Satz, den man mehrmals liest und über den man dennoch stolpert:

»*Wenn du deine Opfergabe zum Altar bringst und dir dabei einfällt, dass dein Bruder etwas gegen dich hat, so lass deine Gabe dort vor dem Altar liegen; geh und versöhne dich erst mit deinem Bruder, dann komm und opfere deine Gabe*« (Mt 5,23).

Schon beim ersten spontanen Hören merken wir, wie das, was hier beschrieben ist und gefordert wird, unserem innersten Instinkt zuwiderläuft und unsere geistigen Kräfte übersteigt. Die gefühlte Überforderung wächst noch und wird größer, wenn wir uns den geschichtlichen Rahmen dieser Aussage vergegenwärtigen. Da ist ein frommer Jude, der Gott die Ehre geben will und sich deshalb zum Tempel in Jerusalem aufmacht. Handelt es sich, nehmen wir einmal an, um einen Galiläer, ist er zumindest drei Tage lang auf staubiger Straße unterwegs. Einmal in Jerusalem angekom-

[17]   C. S. Lewis, Was man Liebe nennt, Basel/Gießen ⁶1988, 131.

men, fällt ihm ein: Zu Hause, in meinem Dorf, vielleicht sogar in meiner Familie, ist jemand, der mich nicht mag und etwas gegen mich hat. Wird ihm dies klar, so sagt Jesus, dann lasse er seine Gabe vor dem Altar im Tempel stehen, kehre nach Hause zurück und versöhne sich mit seinem Bruder oder seiner Schwester, dann komme er wieder und opfere.

In der Tat: Wir haben genau gelesen! Dem frommen Pilger kommt in den Sinn, dass sein Bruder oder seine Schwester etwas gegen ihn hat. Viel verständlicher und für uns eingängiger wäre doch, wenn dem Pilger einfiele, dass er selber noch in Schuld steht, er also ein unbereinigtes Zerwürfnis oder einen Streit hinter sich gelassen hat. Gerade dies jedoch, was uns eingängig schiene, ist nicht die Spitze der Aussage. Das Selbstverständlichste, das, was uns allen geläufig ist, darf dieser fromme Pilger nicht sagen: »Der andere hat angefangen, er ist der Schuldige, er soll deshalb auch den ersten Schritt tun, wenn wieder Friede werden soll.« So denken wir alle. Jesus hingegen weist uns mit seinem Wort dahin, dass von beiden Seiten, unabhängig davon, wer den Streit begonnen hat, alles versucht werden muss, um Frieden zu erreichen. Zerwürfnisse und Feindschaften müssen unter Christen so weit wie nur möglich bereinigt werden. Solange nicht alles getan wird, was zur Versöhnung möglich ist, macht es keinen Sinn, mit großen Opfergaben in den Tempel zu gehen. Es wäre Heuchelei, wenn solche frommen Unternehmungen nicht auf ein neues Miteinander zielen würden.[18]

Die Anweisung Jesu, dass alles für ein neues Einvernehmen getan und ins Werk gesetzt werden muss, ist groß und anspruchsvoll. Wir bleiben immer hinter diesem Ideal zurück und vielfach ist es auch von den äußeren Umständen her unmöglich, diesem Gebot zu entsprechen. Aber es bleibt

[18]   Vgl. Gerhard Lohfink, Das Vaterunser neu ausgelegt, Bad Tölz ²2007, 72ff.

ein anschauliches Bild dafür, wie Versöhnung ohne Erinnerung nicht möglich ist und wie nötig es ist, letzte Kräfte dafür zu mobilisieren.

Gehend sich wiederfinden

Der Weg zurück zum Bruder und zur Schwester! Dazu soll von einer Erfahrung berichtet werden, die hilfreich sein kann, um dem Gebot konkreter Versöhnung zu entsprechen. Hilfreich, nicht bloß für religiöse Gemeinschaften, sondern auch für Familien und andere Gruppierungen, vielleicht auch gar für solche, die keinen spezifischen Glaubenshintergrund haben. Es handelt sich um das Modell eines Versöhnungsspaziergangs.

In einer Arche-Gemeinschaft, in der behinderte und nicht behinderte Menschen zusammenleben, hat sich folgende Form von Versöhnung bewährt: Vor großen Festtagen oder zu sonstigem konkreten Anlass nimmt sich die Gemeinschaft ausdrücklich Zeit, um Missverständnisse und Streitereien beizulegen und zu einem versöhnten Miteinander zu finden. Am besten einen ganzen Tag. Dieser beginnt mit einer Einstimmung auf das Thema der Versöhnung, mit einem entsprechenden Text oder passenden Lied. Nach dieser Eröffnung begibt sich die ganze Gemeinschaft auf einen Spaziergang, auf dem man immer zu zweit miteinander geht. Gespräche werden wieder aufgenommen, liegen gebliebene Themen angegangen. Nach einer gewissen Zeit des Gehens hält die ganze Gemeinschaft an und lässt sich erneut durch einen Text der Versöhnung ermutigen. Dann werden die Partner der Zweiergruppe gewechselt und der Spaziergang nimmt seinen Lauf, so weit und so lange, bis jeder mit jedem ein Stück Weges gegangen ist. Auf diese Weise können viele Dinge, die man gerne ausklammert oder für die keine Zeit zu finden ist, ins Gespräch kommen.

Es überrascht deshalb nicht, dass solche Spaziergänge eine reinigende Wirkung für das Wohl der Gemeinschaft haben, dass man wieder besser miteinander atmet und auch Feste feiern kann. Sie tragen viel zu einer guten Atmosphäre bei, sind aber auch eine konkrete Form, um der Forderung des Evangeliums zu entsprechen, sich mit dem Bruder und der Schwester zu versöhnen, bevor man miteinander zur Feier der Eucharistie zusammenkommt. Es braucht dazu etwas Mut, weil es ja in jeder Gemeinschaft unausweichlich ist, dass man einander verletzt und vieles ungesagt bleibt. Es wird aber auch reichlich belohnt dadurch, dass das versöhnliche Gespräch und die Wiederaufnahme liegen gebliebener Gesprächsfäden neue Freude in die Gemeinschaft bringt.

Gottes Schrift auf krummen Linien

Versöhnung mit Umwegen! Schon viel ist geschehen, wenn es uns gelingt, über Streitereien hinwegzukommen und in den eigenen Reihen Frieden zu halten. Für Gläubige kommt entscheidend hinzu, dass ihnen im Glauben ein neues Verhältnis zur Vergangenheit geschenkt wird. Nicht bloß ein neuer Blick oder eine hellere Perspektive, sondern ein reales Gutwerden dessen, was verkehrt gelaufen ist. Es ist dem Geist Gottes eigen, krumme Wege gerade zu machen, alles, was verkehrt und verdorrt ist, mit neuem Leben zu füllen. Was sich verirrt hat, wird auf einen guten Weg zurückgeführt.

Vergangenes in neuem Licht

Wie fängt so etwas an? Mit nichts anderem als der demütigen Einstimmung in das Ganze unseres Lebens, im Großen und im Kleinen. »Nichts wird heil, außer es sei bejaht.« Deshalb muss alles, was wir getan und nicht getan haben, innerlich angenommen werden. Was in unsere Biografie eingeschrieben ist, kann nicht durchgestrichen oder entfernt werden. Mit keinem Mittel und von niemandem. Nicht einmal von Göttern. In seiner nikomachischen Ethik zitiert Aristoteles den Dichter Agathon mit dem Satz: *»Denn dies allein, sogar der Gottheit bleibt's versagt, Ungeschehen zu machen, was einmal geschehen ist.«*[19]

Kein Bedauern also, keine noch so große Reue über das, was wir verbrochen haben, weder eine Beichte noch eine empfangene Vergebung können das aus einer Biografie tilgen, was durch unser Wollen oder durch äußere Fügungen hineingeschrieben wurde. Tatsachen bleiben Tatsachen. Hat

---

[19]   Aristoteles, Nikomachische Ethik VI, 2, 1139b.

jemand meinetwegen geweint, kann ich versuchen, die Tränen zu trocknen, kann sie aber nicht ungeweint machen.

Und dennoch: So unverrückbar diese »facta bruta« sind, so sind diese Tatsachen doch nicht einfach für ewig das, was sie sind, und müssen auch nicht bleiben, was sie einmal waren. Sie können im Verlauf der Jahre einen neuen Sinn gewinnen, geraten in neue geistige Zusammenhänge und erscheinen dann in einem anderen Licht. So können etwa Zeiten, die wir als verloren betrachten, in denen nichts uns weiterzubringen schien, sich zu einem späteren Zeitpunkt als nützlich und fruchtbar erweisen.

Wie aber geschieht es, dass leere Zeiten sich füllen oder zerbrochene Verhältnisse wieder gut werden? Gewiss nicht dadurch, dass wir Dinge, die eindeutig schäbig und schräg waren, schönreden, dass wir das, was negativ zu Bilanz schlägt, gewaltsam umdeuten, es auf Biegen und Brechen zu unserem Vorteil interpretieren. Auch nicht dadurch, dass wir den Faktor Zeit spielen lassen, der es uns ermöglicht, das Ganze aus dem Abstand verklärter und nicht zu dramatisch zu betrachten. Weder hilft hier ein künstlich aufgesetzter Optimismus noch ein forciertes Hinein-Interpretieren. Wo es um Sinngebung von verworrenen Verhältnissen geht, gilt, was Martin Buber allgemein sagt: »*Sinn finden wir nicht in den Dingen vor, wir legen ihn auch nicht in die Dinge hinein. Aber zwischen uns und den Dingen kann er sich begeben.*«[20]

Wie dieser Sinn entsteht, wie neues Licht auf ein dunkles Kapitel des Lebens fällt, das hängt, bei aller Nicht-Verfügbarkeit, doch nicht wenig von uns selber ab. Vorerst einfach von unserem Charakter, den eigenen individuellen Fähigkeiten, sich in schwierigen und blockierten Situationen zurechtzufinden. Ein findiger Geist, dem in jeder auch noch so komplexen Situation etwas einfällt, vermag auch aus einer Vergangenheit, die durcheinandergeraten ist und hoffnungslos scheint, etwas Gutes zu gestalten. Statt sich über

[20]   Martin Buber, Das dialogische Prinzip, Heidelberg 1997, 192.

blockierte Wege zu ärgern, lässt er seine Fantasie spielen, findet Auswege aus einer vertrackten Situation, kleine unscheinbare Pfade, die gewiss nicht ideal sind, aber auf denen man durchaus gehen kann und vorankommt. Auch in zweitbesten Lösungen liegen Möglichkeiten zum Handeln. Sicher für den, der von seinem Temperament her solche sucht. Er wird sie finden.

Der Goldfaden der Hoffnung

Dann aber, über solche charakterlichen Vorteile hinaus, ist es in entscheidendem Maße die übernatürliche Hoffnung, die wir Christen auf jenen Gott setzen, der, wie das Sprichwort sagt, auf krummen Zeilen gerade zu schreiben die Macht hat. Diese Kraft des Herzens, die uns durch Gnade geschenkt ist, stützt sich auf die große Verheißung, dass Gott unser Leben verlässlich in seiner Hand hält und als Ganzes zu einem guten Ende führt. Sie bezieht sich auf einen großen Vorschuss von Sinn und Licht. Und in dem Augenblick, wo diese Hoffnung in uns lebendig wird, da beginnen wir zu ahnen und wissen zugleich, dass aus dem, was unser Leben mindert und belastet, etwas Gutes werden kann. Da fügen sich noch so disparate Dinge zu einem Ganzen, geraten dunkle Kapitel in ein größeres Licht. Es kann für uns deutlich werden, wie unsere Lebensgeschichte nicht einfach aus zusammenhanglosen Abschnitten besteht, die sich mehr oder weniger gut zusammenfügen. Nein, da wird ein Faden sichtbar, der alle unsere Zeit und all unser Tun und Lassen zusammenhält, ein Goldfaden der Hoffnung, der das Ganze durchzieht.

Aus dem Staunen über solch göttliche Verwandlungskraft ist wohl das folgende Gebet von Sören Kierkegaard entstanden:

»O Du unendliche Liebe, die niemals aufhört, allezeit hilfreich auszuhalten mit mir. Wenn ich schlafe, wachst Du, und wenn ich

wachend mich irre, so machst Du den Irrtum zu dem noch Besse-
ren, als das Richtige gewesen wäre. Und ich? Ich hab mich nur zu
verwundern über Dich, Du unendliche Liebe, die nie aufhört, alle-
zeit hilfreich auszuhalten mit mir.«

Der hl. Augustinus, dessen Biografie nicht wenige Ab- und Umwege aufweist, wird nicht müde, sein Leben im Glauben und im Gebet zu betrachten. Immer wieder blättert er das Ganze seiner Biografie durch, schreitet im Geiste die begangenen Wege nochmals ab, um die tieferen Absichten Gottes zu begreifen. Je mehr er dies tut, umso mehr gerät er in Staunen und Dankbarkeit. Woher diese inneren Wendungen zum Besseren, diese Bewegung nach oben, dieses Geschenk von neuem Licht? Er erkennt im ganzen Verlauf seines Lebens die Hand und das Wirken Gottes, gerät ob der mächtigen und schließlich sieghaften Führung so sehr ins Staunen, dass er nicht bloß die gewöhnlichen Wege, sondern auch die eigenen schuldhaften Umwege zu preisen beginnt. Er spricht von der Gnade in den Irrungen, von der Seligkeit der Schuld, der »felix culpa«.

Die Schuld sei zu preisen! Aber wie ist ein solches Paradox zu verstehen? Gewiss wird es nicht darum gehen, etwas zu loben, was bei uns im Argen liegt, unsere Schwäche etwa, der Trotz und die Trägheit oder unsere Verblendung! Das alles ist weder gut noch verdient es Lob. Wir werden zum Preis Gottes fähig, wo in der neuen Perspektive, die sich öffnet, sein Handeln sichtbar wird. Es ist seine Gnade, die allen Lobes würdig ist, die rettende Hand, die er uns entgegenstreckt.

Oft wird uns dieses Handeln Gottes erst in der Rückschau klar. Dass wir etwas als nützlichen Umweg, als lehrreichen Fehler, ja als eine »felix culpa« preisen können, wird nicht selten in Situationen möglich, in denen wir gezwungen werden, einzugestehen, dass wir uns verrannt haben und nicht mehr weiterwissen, wo wir kapitulieren und die Hände nach möglicher Hilfe ausstrecken. Gott und die Anerkennung seines Willens setzen sich in unserem Herzen oft erst da durch, wo dieses Herz in die eigenen Abgründe geschaut hat, wo es erschrickt über das Ausmaß der eigenen Verirrung und nicht mehr weiterweiß. Wir preisen die neuen Wege, die oft im Durcheinander der Gefühle, im Dunkel unserer Herzen ihren Anfang nehmen: *»Blinde führe ich auf Wegen, die sie nicht kennen, auf unbekannten Pfaden lasse ich sie wandern. Die Finsternis vor ihren Augen mache ich zu Licht, was krumm ist, mache ich gerade«* (Jes 42,16).

Sich die Dinge zum Guten gereichen lassen

Groß ist die Hoffnung, zu der wir Christen gerufen und berechtigt sind. Sie besagt nicht weniger, als dass es mit unserem Leben als Ganzem und im Einzelnen gut ausgehen wird, mag noch so vieles im Argen liegen. Nicht im Sinne eines oberflächlichen Happyends. Nein, alles wird zu einer Erfüllung kommen, wird für uns gut werden, wird hineingenommen in die Ganzheit unseres Lebens. Auch die krummsten Wege biegt Gott zu unserem Wohl. »Denn wir wissen, dass Gott denen, die ihn lieben, alles zum Guten wenden wird« (Röm 8,28). Alles! Dementsprechend fügt Augustinus lapidar, aber mit großer Kühnheit hinzu: *»Auch die Sünde.«* Ja, auch die krummen Wege führen zum Heil, auch in Rückfällen und Stolperschritten geht es auf Gott zu.

Allerdings ist solches Gutwerden der Dinge kein Automatismus. Die Dinge werden uns zum Heil, gewiss und ganz sicher und ohne Zweifel, aber nicht ohne dass wir der Liebe Gottes, die in unseren Herzen ausgegossen ist, vertrauen. In dem Maße, wie diese Liebe uns durchwirkt und erfüllt, werden wir fähig, uns die Dinge zum Guten gereichen zu lassen. Wir werden sehen können, wie Dinge, die wir nicht in der Hand haben, sich zum Guten fügen.

Zusammenfassend gesagt: Selig sind nicht unsere schuldhaften Umwege, sondern die Richtung, die Gott ihnen gibt, die göttliche Weite, in die er sie münden lässt. Und selig sind schließlich wir, wenn wir uns durch die Gnade bereiten lassen, uns die Dinge zum Guten gereichen zu lassen. Im Sinne des folgenden Gedichtes von Dietrich Bonhoeffer:

»Ich glaube, dass Gott aus allem, auch aus dem Bösesten, Gutes entstehen lassen kann und will. Dafür braucht er Menschen, die sich alle Dinge zum Besten dienen lassen.

Ich glaube, dass Gott uns in jeder Notlage so viel Widerstandskraft geben will, wie wir brauchen. Aber er gibt sie nicht im Voraus, damit wir uns nicht auf uns selbst, sondern allein auf ihn verlassen. In solchem Glauben müsste alle Angst vor der Zukunft überwunden sein.

Ich glaube, dass auch unsere Fehler und Irrtümer nicht vergeblich sind und dass es Gott nicht schwerer ist, mit ihnen fertigzuwerden, als mit unseren vermeintlichen Guttaten.

Ich glaube, dass Gott kein zeitloses Fatum ist, sondern dass er auf aufrichtige Gebete und verantwortliche Taten wartet und antwortet.«[21]

Wo wir betend und glaubend das sieghafte Wirken Gottes in unseren Wegen betrachten, da beginnen wir etwas von jenen geheimnisvollen Wegen Gottes zu erahnen, auf denen er für unser Leben etwas möglich macht, was uns unerreichbar zu sein schien. Im langen Atem seiner Ewigkeit schafft er Dinge, die wir mit allem Aufwand nie zustande bringen. Er hält die scheinbar verlorenen Partikel unserer schlecht genutzten Zeit in seiner Hand und gestaltet sie zu einer Form, die weit von dem entfernt ist, was wir je erträumt haben. *»Der Herr, der in Ewigkeit lebt, hat alles insgesamt erschaffen, der Herr allein erweist sich als gerecht … Wer ergründet seine großen Taten? Wer kann seine gewaltige Größe beschreiben und seine großen Taten aufzählen bis zum Ende? Man kann nichts wegnehmen und nichts hinzutun, unmöglich ist es, die Wunder des Herrn zu ergründen. Ist der Mensch am Ende angelangt, steht er noch am Anfang, wenn er es aufgibt, ist er ratlos … Wie ein Wassertropfen im Meer und wie ein Körnchen im*

---

[21]   Dietrich Bonhoeffer, Werke, Gütersloh 1986–1999, Bd. 8, 30.

Sand, so verhalten sich die wenigen Jahre zu der Zeit der Ewigkeit. Darum hat der Herr mit ihnen Geduld, und er gießt über sie sein Erbarmen aus. Er sieht und weiß, dass ihr Ende schlimm ist; darum hat er so viel Nachsicht mit ihnen. Das Erbarmen des Menschen gilt nur seinem Nächsten, das Erbarmen des Herrn allen Menschen … Glücklich alle, die auf sein Erbarmen hoffen und seine Gebote annehmen« (Sir 18,1–14).

Von der zweiten Entscheidung

Wir Menschen ziehen auf unseren Lebensstraßen dahin, mit allerlei heiteren Dingen, aber auch mit viel Gepäck und Beschwerden. Wir tragen oft schwer an uns selber, haben unseren selbst gebastelten Lastkorb, der uns drückt. Es schmerzen aber auch nicht wenig die Dinge, die nicht ins Lot kommen, die vielen Gespräche, die abgebrochen wurden oder gar nicht stattfanden. Mag es immer wieder vereinzelt und punktuell gelingen, dass wir einander die Hand geben, uns gegenseitig ermutigen, so bleiben doch oft dunkle und trübe Wolken, die uns des eingeschlagenen Weges nicht froh werden lassen. Es wachsen unter Umständen ganz allgemein Zweifel und Skepsis. Ob all die Wege, auch die Wege der Versöhnung, die wir gewählt haben und gegangen sind, die richtigen sind, ob es nicht andere und bessere gibt.

Vom Wunsch, neu zu beginnen

Angesichts solch kleinerer und größerer Enttäuschungen, die uns das Leben immer wieder bereitet, ist es verständlich, dass wir versucht werden, nach anderen Wegen Ausschau zu halten. Wir schielen nach rechts und links. Gibt es nicht bessere Optionen, Alternativen, eine leichtere Zukunft? Der Wunsch danach ist verständlich und unvermeidlich. Wie gut wäre es doch, überhaupt neu anfangen zu können. Anders, geschickter, klüger! – Viel wäre für uns schon erreicht, wenn wir das, was wir begonnen haben, neu in die Hand nehmen könnten, wenn es uns gelänge, das dahinfließende Leben in neue Kanäle zu leiten. Das Gewählte nochmals wählen, das, was vorhanden und uns gegeben ist, mit neuem Geist füllen! Das wäre schon sehr viel.

Wie fängt so etwas an? Mit nichts anderem als mit dem Geständnis, dass das jetzige Leben nicht eigentlich das gebracht hat, was wir erhofften, dass vieles durch schicksalmäßige Fügungen, eigene und fremde Schuld schiefgelaufen ist. – Ganz allgemein formuliert: Ob wir wollen oder nicht, das Leben und die Richtung, die wir ihm geben, geraten immer wieder durcheinander und entgleiten uns. Da gibt es Kräfte, die uns feindlich sind und gegen uns arbeiten, die unsere Pläne und Ordnungen durcheinanderbringen, den Geist verunsichern und verwirren. Sie sind nicht zu leugnen, sind stark und wirksam bis in unsere innersten Absichten hinein. Selbst das, was wir uns in lichten Augenblicken zurechtgelegt haben, gestaltet sich, wo es realisiert werden soll, anders oder kann uns gänzlich genommen werden.

Das Leiden an diesem ständigen Zerfall unserer inneren, aber auch der äußeren Welt, kann groß und bedrückend sein. Es schmerzt, den eigenen Zielen nachzurennen, nicht das verwirklichen zu können, was wir möchten und uns erträumen. Und doch ist das innere Leiden an diesem Ungenügen nicht groß und drückend genug, um wirklich an konkrete Veränderungen heranzugehen. Die Last der Gewohnheit, die Ohnmacht in den Zwängen, aber auch die eigene Trägheit, hängen oft wie Blei im Geist und im Leib. Wir ziehen weiter, die Jahre vergehen und nützen uns ab; wir verbringen sie »wie einen Seufzer« (Ps 90,9), gewöhnen uns an die auferlegten Zwänge, arrangieren uns mit den Kompromissen, die das Leben uns abverlangt; irgendwie kommen wir mit unserer Fantasie ans Ende, fühlen uns macht- und alternativlos. »Der Geist ist zwar willig, aber das Fleisch ist schwach« (Mt 26,41). Wir treiben weiter, ohne das Ruder noch einmal wirklich in die Hand zu bekommen.

Solches Leer-Laufen, das allgemein im menschlichen Leben festzustellen ist, gibt es auch und nicht wenig in der Praxis des Glaubens. Es ist, vorerst entschuldigend gesagt, unvermeidlich, dass auch unser Verhältnis zu Gott, die persönliche Geschichte unseres Betens, die Patina der Zeit und der Vergänglichkeit zu spüren bekommt. Staub breitet sich aus und legt sich auf alles, auch auf die Treue im Gebet, ja auf die frischesten Anfänge eines Glaubenslebens. Auch bei eifrigen Christen können sich Trampelpfade bilden, auf denen sie sich zwar bewegen, jedoch ohne innerlich wirklich weiterzukommen. Sie bleiben religiös aktiv, nehmen teil an festlichen Liturgien, beten regelmäßig, vor allem in Not und Bedrängnis, ohne dass ihr Leben an Tiefe gewinnt und größere Freude sie erfüllt. Die frommen Vollzüge werden zu leeren Gewohnheiten, sind ausgeleiert, vermögen nicht mehr an die Substanz des Lebens heranzukommen. Weder verbessern sie den Charakter noch ändern sie die Art zu denken, schon gar nicht das soziale Verhalten. Man singt fromme Lieder und wird doch nicht freundlicher, faltet die Hände und wird nicht tätig. Man kommt mit allem frommen Tun nicht vom Fleck, hat sich irgendwie auch damit abgefunden, weiß es, sich zu erklären, warum es so ist und auch sein muss. Um sich zu rechtfertigen, hält man das für Treue, was, des Näheren gesehen, nur Trägheit und Unbelehrbarkeit ist.

Neu Tritt fassen

Was ist gegen solche Ermüdung im Glauben zu unternehmen? Gibt es Heilmittel, vitalisierende Gegenkräfte? Oder bleiben wir in unseren schlechten Gewohnheiten gefangen, festgefahren ohne Aussicht auf eine gute Wende? Muss alles gradlinig weitergehen, wie es begonnen hat? Oder gibt es Umkehr, Wenden, Neuanfänge?

Es klang schon an. Nützlich wäre, wann immer es einzurichten ist, eine größere Pause, eine längere Unterbrechung. Diese wäre nicht nur wünschenswert, sondern von der Sache her auch notwendig. Wer im Leben, auch im Leben des Glaubens, etwas ändern und vorankommen will, muss sich Zeit nehmen, um alles bedenken zu können, die eigene Geschichte, gemachte Erfahrungen, gesetzte Ziele. Er muss sich hinsetzen können zu längerer Besinnung, zum Beten,

Sich-Beraten. Nur auf diese Weise können sich neue Perspektiven auftun, kann man erneut an die eigenen Quellen herankommen. Reculer pour mieux sauter! Besser und gesammelter wird neu starten können, wem es gelungen ist, Distanz zu schaffen und Kräfte zu sammeln. – Es ist wie beim Langlaufen: Der Läufer kann, während er läuft, zwar merken, dass etwas nicht stimmt und er sich zu sehr verausgabt. Er kann eigenes Unwohlsein wahrnehmen, will er aber die Richtung des Laufes ändern, muss er Halt machen, pausieren und das Ziel neu bestimmen.

Es ist klar, dass solche größeren Kurskorrekturen, wie wir sie hier bedenken, nicht schnell und im Handumdrehen zu haben sind. Nicht durch einen willentlichen Akt, auch nicht einfach durch gute und handgestrickte Vorsätze, die man sich in der Eile zurechtlegt, oder eine gute Meinung. Was schnell und aus dem Stand heraus entschieden wird, ist gewöhnlich nicht von großer Dauer, es riskiert, bald auch wieder vergessen zu werden und außer Geltung zu kommen. Um eine tief greifende Wende vorzubereiten, braucht es größere zeitliche Abstände und grundsätzlichere Überlegungen. Denn es geht ja um nicht weniger, als nochmals die Schule des Glaubens zu betreten, sich erneut einem Prozess innerer Bekehrung zu stellen, auch wenn dieser nicht ohne Mühe zu bestehen ist. »Denn jede Rebe, die Frucht bringt, reinigt er, damit sie mehr Frucht bringt« (Joh 15,2).

Nun ist jedem klar: Solche Unterbrechungen, so nützlich und wünschenswert sie sind, sind nicht für jedermann möglich. Aber es gibt nicht bloß das berufliche größere Time-out, nicht bloß längere geistliche Pausen, wie etwa 30-tägige Exerzitien, wo alles, in großer Ruhe und Abstand, bedacht und durchgebetet werden kann; es gibt auch weichere und kürzere Formen, die für einen spirituellen Neuanfang genutzt werden können. So ergeht im Rahmen des Kirchenjahres alljährlich in der Fastenzeit ein Ordnungsruf an uns, der uns einlädt, die eigene Lebensführung und Glaubenspraxis zu überdenken. Dazu werden uns vielfache

Anregungen gegeben, dienen die besonderen Liturgien, um Halt zu machen und still zu werden. Vielleicht auch begegnen wir dem Angebot von Exerzitien im Alltag, die geeignet sind, ganz konkret und vor Ort die Prioritäten des Gebetes festzumachen und einzuüben.

Priorität des Glaubens

In den vorausgehenden Gedanken klingt schon das Anliegen einer zweiten Entscheidung, die wir in unserem Glaubensleben treffen sollen, an. Was ist es denn, was neu bedacht werden soll und wozu wir uns neu entscheiden? Sicher! Es ist nicht zuerst die Regelung äußerer Verhältnisse, nicht der Wechsel des Arbeitsplatzes oder des Wohnortes. So etwas kann sich unter Umständen nahelegen, ist vielleicht nützlich oder gar notwendig. In der Tat liegen die Dinge nicht selten so, dass sich erst durch eine äußere Regelung, etwa durch Schaffung von äußerer Distanz, eine innere Umkehr vorbereitet. Wir Menschen leben ja nicht nur von innen nach außen, sondern auch von außen nach innen.

Aber was hier zuerst gemeint ist, ist ein neues und bewusstes Einsteigen in die Welt des Glaubens, ein ausdrückliches Ja dazu, diese Welt neu zu entdecken, sie sich anzueignen, auch das Leben des Alltags daraus zu gestalten. Was sich so als Rest einer Gebetspraxis erhalten hat, als frommes Relikt, soll neu aufgenommen werden; was vom Vergessen bedroht ist, soll in die Erinnerung kommen; was lau ist, mit neuem Leben gefüllt werden.

Immer schon wurde gebetet: »Dein Wille geschehe«, aber vielleicht ist vom Beter noch nie ausbuchstabiert worden, was dies bedeutet. Wir haben das »Vaterunser« gebetet, ohne uns dabei groß Rechenschaft zu geben, was dies im konkreten Alltag bedeutet. Jetzt aber, in einem erneuten Schritt, soll diese Frage einmal grundsätzlich aufgenommen, soll laut und persönlich gestellt werden. Was heißt es für mich, in dieser jetzigen und einmaligen Lebenssituation, dass ich glaube, von Gott geführt und mit unbedingter Liebe umgeben zu sein? Was heißt es, dass Gottes Wille hier und jetzt geschehen soll?

Bis jetzt haben wir vielleicht nach dem Grundsatz gelebt: »Hilf dir selbst, so hilft dir Gott!« Wir haben dementsprechend versucht, die fälligen und pflichtmäßigen Dinge so gut als möglich, nach bestem Wissen und Gewissen, zu tun. Dabei begleitete uns die Hoffnung, dass Gott uns die Dinge in der eigenen Hand gelingen lasse, er seinen Segen dazu gebe. Entsprechend der Bitte des Psalmisten: »Ach, Herr, bring doch Hilfe! Ach, Herr, gib doch Gelingen!« (Ps 118,25).

Nun, bei dieser zweiten Entscheidung, geht es um einen weiteren Schritt des Glaubens, um eine Intensivierung der Beziehung zu Gott, um eine neue Priorität. »Euch aber muss es zuerst um das Reich und seine Gerechtigkeit gehen; dann wird euch alles andere dazugegeben« (Mt 6,33). Nicht die Besorgung unserer alltäglichen Angelegenheiten steht zuvorderst in unserem Sinn, sondern die Ehre Gottes, das Geschehen seines Willens, das Kommen seines Reiches. Gott soll zur Geltung kommen! Ihm und ihm allein soll unsere kreatürliche Freiheit übergeben werden, in und durch unser Leben zu tun, was ihm gefällt. Wir überlassen ihm unsere Nöte, auch unsere Rechte, stellen alles, was uns betrifft, in sein Verfügen. Er, und er zuerst, möge die Dinge unseres Lebens so ordnen und richten, wie es seiner Weisheit und Liebe entspricht. – Das ist ein neuer Schritt, ein Schritt der Bekehrung. *»Bei der ersten Bekehrung«*, so schreibt P. Lallement in seiner Lehre von der zweiten Bekehrung, *»tritt man nur die Nutznießung ab, bei der zweiten verzichtet man auf das Eigentum an seiner eigenen Seele, bei der ersten auf die Blüten und Früchte, bei der zweiten auf den ganzen Baum. Der Mensch hat alles gegeben. Gott aber wird das Übrige tun.«*[22]

[22] Henri Bremond, Die zweite Bekehrung nach Lallement, in: J. N. Grou, Handbüchlein für innere Seelen, Paderborn 1949, 246.

Auf diese Weise, mit dieser Ausrichtung auf die Ehre Gottes zuerst, entsprechen wir auch genauer dem, was wir im »Vaterunser« täglich beten. Denn in dem, was Jesus uns zum Beten lehrt, wird auf exemplarische Weise der Primat Gottes aufgerichtet. Was am Anfang steht, ist das Wichtigste, soll als Erstes zur Geltung kommen. So richten sich die ersten Bitten auf das, was in allem berücksichtigt und als Erstes geschehen soll: Der Name Gottes werde geheiligt, sein Reich möge kommen, und in allem geschehe zuerst sein Wille. Diese drei Bitten, die den Rahmen des ganzen Gebetes abgeben, unterstreichen, worin das Reich Gottes besteht, das wir als Erstes suchen sollen.

Wo es uns gelingt, in allem, was wir tun, den Willen und den Namen Gottes an erster Stelle zu setzen, da geschieht es nicht selten, dass man auf konkrete Weise erfahren kann, wie uns »alles andere«, das uns verheißen ist, wirklich dazugegeben wird. So ist es versprochen und so wird es auch eingelöst. Das Wort, dass Gott ein guter Vater ist, der auch im Kleinen, in dem, was wir essen und womit wir uns kleiden, für uns sorgt, wird wahr. Seine Fürsorge für uns durchwaltet und lenkt alle Bedingungen unseres Lebens, sodass wir in ihnen das finden, was wir suchen, und uns das geschenkt wird, was wir brauchen. Oft bis ins Detail und ins Kleinste. Es ist wie ein Augenzwinkern des Himmels, eine konkrete Erinnerung, dass ja Gott unser Vater ist.

Wie aus dem Fragment des Lebens ein Ganzes wird

Unser Leben, in all seinen geistigen Dimensionen, angefangen von den persönlichen bis zu den gesellschaftlichen, verlangt Antwort. Es lädt dazu ein, ja es nötigt und zwingt uns. Auf allen Stufen und in all seinen Etappen. »Des Lebens Ruf an uns wird niemals enden« (Hermann Hesse). Immer wieder geraten wir vor Weggabelungen, bald größere, bald kleinere, wo es zu wählen gilt. Nicht nur in jungen Jahren, wo noch vieles offen ist und die allgemeinen Richtungen festgelegt werden; auch später, wo sich Ermessensfragen stellen, es zu wählen gilt, wie ein Arbeitsfeld oder Beziehungen gestaltet werden sollen. Bis in die Fragen eines praktischen Alltags: Wen besuche ich? Welches Kleid wird gekauft? Welches Buch lese ich?

Leben ist Antwort geben

Wir müssen wählen und Antwort geben, können »diesem Ruf des Lebens« nicht entfliehen. Und selbst da, wo wir dies versuchten, wir uns weigern würden, auf die vielgestaltigen Herausforderungen des Lebens zu antworten, selbst da blieben wir in dieser Nötigung, in diesem existenziellen Zwang. Der innere Selbstwiderspruch würde offenbar. Denn auch da, wo wir zu antworten uns weigern, nehmen wir notgedrungen Stellung, sagen ja oder nein, ob wir wollen oder nicht. Auch der Verzicht auf eine Antwort ist eine Antwort, auch Schweigen ist eine Weise zu reden. Um es in einem Bild zu sagen: Wir können den Stift, mit dem wir unsere Biografie schreiben, auf die Seite legen, können uns weigern, die Seiten zu füllen. Was geschieht dann? Die Seiten bleiben leer, so will uns scheinen. In der Realität jedoch verhält es sich so, dass an unserer Stelle andere Personen unsere Biografie weiterzuschreiben beginnen, solche, die weder berufen noch mit uns näher verbunden sind. Sie meinen zu wissen, wie unser Leben zu verlaufen hat, machen sich Gedanken für uns, mischen sich ein, schreiben Worte auf unsere leer gehaltenen Seiten, Worte, die wir nicht kennen und die uns unter Umständen alles andere als lieb sind. Fremde Schrift auf vertrautem Papier, das Resultat eines Verzichtes auf die eigene Handschrift.

Angelehnte Türen der Postmoderne

Es bleibt uns keine Wahl! Wir müssen Antwort geben, müssen mit uns klar werden, auch wenn unser postmodernes Lebensgefühl, das uns prägt und bestimmt, dies schwierig macht. Denn niemandem ist unbekannt, was die heutige Zeit uns nahelegt, statt Ja oder Nein ein Jein zu sagen und die Antworten in der Schwebe zu lassen. Es kommt uns irgendwo auch entgegen. Wir möchten uns nicht durch allzu eindeutige Worte festlegen lassen, hören die Suggestion gerne, langfristige Engagements so weit wie möglich zu meiden. Wir begnügen uns deshalb mit der Festlegung für kleinere Lebensabschnitte, retten uns von einer Sinn-Insel zur anderen, wollen uns nicht mit allzu definitiven Worten die Zukunft blockieren. Die Türen, vor allem diejenigen, die man gerade durchschreitet, bleiben angelehnt, damit für den Fall eventuellen Scheiterns oder nicht gefundener Zufriedenheit Rückzüge möglich werden. Bei aller Ausrichtung nach vorne möchte man sich den Rücken frei halten, möchte jederzeit nach hinten aus- und umsteigen können. Das Leben ist so ein ständiges Probier- und Experimentierfeld geworden, auf dem die menschliche Selbstverwirklichung eingeübt wird.

Dagegen: Es braucht nur wenig Lebenserfahrung, um zu wissen, dass es unmöglich ist, sich immer alle Türen offen zu halten. Wer dies konsequent zu praktizieren beabsichtigt, schädigt sich selber, beeinträchtigt das zwischenmenschliche Vertrauen, lässt das ganze Leben keine Tiefe finden. Unverbindlichkeit rächt sich auf ihre eigene Weise.

Du kannst dir nicht ein Leben lang
die Türen alle offen halten,
um keine Chance zu verpassen.
Auch wer durch keine Türe geht
und keinen Schritt nach vorne tut,
dem fallen Jahr für Jahr
die Türen eine nach der andern zu.
Wer selber leben will, der muss entscheiden:
Ja oder Nein –
im Großen und im Kleinen.
Wer sich entscheidet, wertet, wählt,
und das bedeutet auch: Verzicht.
Denn jede Tür, durch die er geht,
verschließt ihm viele andere.
Man darf nicht mogeln und so tun,

als könne man beweisen,
was hinter jener Tür geschehen wird.
Ein jedes Ja
– auch überdacht, geprüft –
ist zugleich Wagnis
und verlangt ein Ziel.
Das aber ist die erste aller Fragen:
Wie heißt das Ziel,
an dem ich messe Ja und Nein?
Und: Wofür will ich leben?
PAUL ROTH[23]

Was aber ist das Ziel, dem alle unsere Entscheidungen, mögen sie noch so gering und bedeutungslos sein, folgen? Ohne es hier inhaltlich beschreiben zu wollen, immer geht es in diesem letzten Ziel um das Leben, die Fülle des Glücks, das letzte Gelingen, den Segen. Wir streben mit innerer Notwendigkeit nach dem, was uns das Leben sinnvoll zu machen scheint, auch wenn alles Negative sich immer auch anbietet. Eindringlich, geradezu beschwörend wird in einem Text des Alten Testaments das Volk Israel zur Wahl aufgerufen. In letzter Radikalität wird es mit möglichem Glück und möglichem Verderben konfrontiert, mit Segen und Fluch, Himmel und Erde, ja das ganze Universum wird Zeuge dieser vorgelegten Entscheidung: »*Den Himmel und die Erde rufe ich heute als Zeugen gegen euch an. Leben und Tod lege ich dir vor, Segen und Fluch. Wähle also das Leben, damit du lebst, du und deine Nachkommen. Liebe den Herrn, deinen Gott, hör auf seine Stimme, und halte dich an ihm fest; denn er ist dein Leben. Er ist die Länge deines Lebens, das du in dem Land verbringen darfst, von dem du weißt: Der Herr hat deinen Vätern Abraham, Isaak und Jakob geschworen, es ihnen zu geben*« (Dtn 30,19–20).

[23]   © Susanne Roth.

Ein unbedingtes Ja zu Beginn

Leben ist Antwort geben! Wie aber muss diese Antwort ausfallen, wie muss sie innerlich gestaltet sein, damit sie dem Leben gerecht wird? Welches ist ihre Qualifikation, ihr innerer Wert? Global und sehr allgemein kann die Antwort vorweggenommen werden: Ein Weg muss mit ungeteiltem Sinn betreten werden, wenn auf ihm das volle Glück gefunden werden soll.

Es ist nicht selten, dass Menschen den Weg, auf dem sie sich befinden, nie eigentlich richtig gewählt haben; sie wurden durch Umstände und Zufälle darauf gestoßen, gerieten in Situationen, in denen sie nicht eigentlich frei waren, um wählen zu können. Wohl oder übel haben sie sich mit den gegebenen Fakten abgefunden, haben schließlich Ja gesagt, ohne mit dem Herzen ganz dabei zu sein. Das Ja war nur halb gesprochen, kam nicht aus der innersten Mitte. Es fehlte ihm etwas von einem heiligen Ernst, von einem existenziellen Gewicht, einer Unbedingtheit, mit der Entscheidungen fürs Leben angegangen werden müssen.

Es ist schon so: Gewisse Entscheidungen, vor allem solche mit langem Engagement, müssen radikal sein, müssen an die Wurzeln unseres Daseins gehen, damit uns die Kraft zur Treue zufließt. Gerade im Fall der näheren Nachfolge Jesu: Hier muss die Hand fest an den Pflug gelegt werden, damit die Versuchung, zurückzuschauen oder auf die Seite zu schielen, keine Chance hat. Ein eindeutiger Schritt, ein Ja ohne Einschränkung! Nur so werden wir unserer Wege sicher, werden ihrer aber auch froh. Alle Halbheit am Anfang, alles Zögern und Zaudern schafft Konflikte, lässt keine tiefere Zufriedenheit entstehen. Deshalb: »Euer Ja sei ein Ja, euer Nein ein Nein!« (Mt 5,37). Wir müssen innerlich mit uns klar werden, müssen mit uns ins Reine kommen, damit der gewählte Weg ein guter Weg für uns wird und wir froh auf ihm voranschreiten können.

Was heißt aber: »Etwas ganz wollen«? Ist es die innere Sammlung der Kräfte, die Konzentration, die Harmonie? In etwa ja, aber nicht ganz. Eine Haltung, die etwas Ganzes anstrebt, kann sich zunächst darin ausdrücken, dass wir das, was wir an die Hand nehmen, mit größtmöglicher Sammlung und Entschiedenheit tun. Alle unsere leiblichen und seelischen Kräfte sind innerlich miteinander verbunden, sind auf ein gemeinsames Ziel ausgerichtet. Alles, was in uns ist, will das Gleiche. Die Kräfte sind wie die Pferde eines Viergespanns: vor den gleichen Wagen gespannt, ziehen sie gemeinsam in die gleiche Richtung.

»Geh vor meinem Antlitz und sei ganz« (Gen 17,1)

Diese seelische Sammlung der Kräfte erfährt noch eine andere Dimension, wo sie von ausdrücklich religiösem Glauben durchdrungen ist; da werden die inneren Energien noch tiefer gesammelt, werden heller, stärker und geschützter. Was damit gemeint ist?

Knapp und einprägsam ist dies ausgesprochen im Satz, den Jahwe an Abraham richtet: »*Geh vor meinem Antlitz und sei ganz!*« (Gen 17,1). Es ist schnell klar, dass mit diesem Ganzwerden, von dem hier die Rede ist, nicht ein Sammeln der seelischen Kräfte gemeint ist, auch nicht eine innere Stimmigkeit der Gefühle. Etwa so: Abraham möge sich bemühen, innerlich mit seinen verschiedenen Kräften und Trieben zurechtzukommen, er strebe danach, im Gleichgewicht zu bleiben, schütze sich gegen alles, was ihn aus der Ruhe bringen könnte. Nein: »Werde ganz!«, das besagt: »Geh vor Gottes Angesicht, glaube und vertraue ihm! Auf diese Weise findest du deine Identität, kommst du zu deinem Selbst, wirst ganz.«

Wenn wir so glauben, bleiben wir innerlich geeint und gefasst, aber auch geschützt. Wir bleiben »ganz«, weil uns nichts mehr endgültig und in den Wurzeln durcheinanderzubringen vermag. Wer Gott zum Schild hat (Sir 29,13), der kann zwar weiterhin verwundet, aber nicht mehr tödlich getroffen werden. Mit dem »Schild des Glaubens« werden »die feurigen Geschosse des Bösen ausgelöscht« (Eph 6,16). – Wie ein solches Leben des Glaubens, das die Widrigkeiten und Gefahren bezwingt, aussehen kann, beschreibt Paulus auf eindrückliche Weise: »*Niemand geben wir auch nur den geringsten Anstoß, damit unser Dienst nicht getadelt werden kann. In allem erweisen wir uns als Gottes Diener ... Wir gelten als Betrüger und sind doch wahrhaftig; wir werden verkannt und doch anerkannt; wir sind wie Sterbende und seht: wir leben; wir werden gezüchtigt und doch nicht getötet; uns wird Leid zugefügt, und doch sind wir jederzeit fröhlich; wir sind arm und machen doch viele reich; wir haben nichts und haben doch alles*« (2 Kor 6,3–4; 8–10).

Mit anderen Worten: Die Ganzheit, die uns aus dem Glauben erwächst, zeigt sich nicht zuletzt auch in einem inneren Frieden, der in uns zu wohnen beginnt. Er ist etwas anderes als eine oberflächliche Beruhigung des Gemütes; es ist vielmehr ein Friede, der inmitten seelischer Aufregung sich durchhält, einer, von dem der hl. Paulus sagt, er würde alles menschliche Begreifen übersteigen (Phil 4,7), und von dem es im Evangelium heißt, er sei anders als der Friede, wie die Welt ihn gibt. Ein Friede von großer Dauer, der auch da im Herzen erhalten wird, wo es um uns herum alles andere als friedlich zugeht. Ein stiller Halt der Seele, der verlässlich ist und uns in allen Widrigkeiten des Alltags gesammelt sein lässt. Das ist die Ganzheit, die uns durch das Vertrauen in Gott geschenkt wird.

Was dies alles besagt? Was ist das innere Ganz-Sein, das uns aus dem Glauben erwächst, für den größeren Frieden, den wir für unsere vielfältigen Enttäuschungen suchen? – Vielleicht muss da, wo ein Lebensweg, eine Bindung nie richtig gewählt wurde, dieses Ja nachgeholt werden; man muss auf Nachlässigkeiten in der Lebensführung zurückkommen, eine Vorgeschichte korrigieren. Krisen, Überdruss, innere Verunsicherungen sind dazu immer eine Einladung und Gelegenheit. Dann aber liegt in der Erneuerung des Glaubens eine Quelle von Kraft, die uns hilft, Vernachlässigtes wieder aufzunehmen und in Ordnung zu bringen. Man kann auf diese Weise zu einer neuen Entschiedenheit finden. Was wir einst gut oder schlecht gewählt haben, wird neu aufgenommen und gestaltet.

Nicht wenig von dieser freudigen Entschiedenheit, diesem inneren Elan des Herzens, wird in den Worten deutlich, die die hl. Klara an Agnes von Prag schreibt:

»Weil nur eines notwendig ist, so beschwöre und ermahne ich dich: Durch die Liebe dessen, dem du dich hingegeben hast, als eine angenehme und heilige Gabe, erinnere dich deiner Anfänge (wie eine andere Rachel). Verliere sie nicht aus den Augen. Halte dich an das, was du hast, und lass es dir nicht nehmen. Was du tust, tue ganz. Lass dich in deinem schnellen Lauf nicht aufhalten, kein Stäubchen soll deine Schritte behindern. Geh voran auf deinem Wege des Glücks, mit Klugheit! Sicher, fröhlich und heiter!«

Der lange Atem der Geduld

Es sei (nach Hélder Câmara) eine Gnade, etwas gut zu beginnen. In jedem Anfang nämlich liegt nicht bloß ein Zauber oder ein Entzücken, sondern auch ein Versprechen, eine Zukunft, eine Fülle. Vieles ist im geglückten Moment eines Anfangs schon enthalten, ist geschenkt, ist eine Gnade, die hilft, damit das Begonnene gut gelinge.

Eine größere Gnade, so sagt Hélder Câmara weiter, bestände darin, das auszuführen, was man an die Hand genommen hat, dem eingeschlagenen Weg treu zu werden. Es ist alles andere als selbstverständlich, das gesetzte Ziel nicht aus den Augen zu verlieren, gerade da, wo sich Hindernisse in den Weg stellen. Selten ist es der Fall, dass vorgenommene Ziele schnell und auf dem direktesten Weg erreicht werden. Vielfach werden wir auf Umwege gezwungen, haben wir mit nicht wenigen Schwierigkeiten und Verzögerungen zu rechnen. Da sei es eine nicht hoch genug zu schätzende Gnade, wenn es uns gelingt, der eingeschlagenen Wegrichtung treu zu bleiben und den Rhythmus nicht zu verlieren. Davon war in den vorausgehenden Kapiteln schon ausführlich die Rede.

Die »Gnade aller Gnaden« jedoch sei (wiederum nach Hélder Câmara) darin zu erkennen, wo wir den eingeschlagenen Weg durch alle Hindernisse hindurch bis zum Ende gehen, wo wir das Ziel erreichen.

Fundamente zeigen sich langsam

Damit eine jeweilige Lebenslage – ihre Kostbarkeit wie auch Herausforderung – richtig erkannt wird, braucht es, neben vielen anderen Tugenden, vornehmlich die Geduld. Sie ist eine innere Kraft, die uns warten lässt, bis die Wahrheit einer Lebenssituation sich zeigt.

Immer wo es darum geht, sich grundsätzlich zwischen zwei Wegen zu entscheiden, ist die Geduld eine kluge Ratgeberin. Wer sich Zeit nimmt und warten kann, bis die Dinge klar werden, ist gut beraten. Das biblische Bild dazu (Lk 14,28–30): Wir sollten uns jenen Mann zum Vorbild nehmen, der im Sinne hatte, einen Turm zu bauen. Bevor er an die Arbeit geht, setzt er sich hin, überschlägt die Kosten und den Einsatz. Er nimmt sich Zeit, viel Zeit, bis ihm klar wird, was das Unternehmen bedeutet und worauf er sich einlässt. Solche bedächtige Vorbereitung ist wichtig und notwendig, wenn das Ganze nicht zu einem späteren Zeitpunkt scheitern soll. Wie unangenehm wäre der Spott der Umgebung, wenn der Erbauer bei halb ausgeführtem Turm nicht mehr weiterkommt und auf seinem Baugerüst sitzen bleibt. Deshalb: Es ist ein Zeichen von Voraussicht und Geduld, eine Entscheidung gut vorzubereiten, sie wachsen und reifen zu lassen und sich dafür die nötige Zeit zu nehmen. »Sei langsam im Überlegen, aber schnell im Handeln«, so steht es bei Thomas von Aquin. – Ist dann aber schließlich der Zeitpunkt gekommen, wo die Sache genügend geklärt ist, soll zügig und ohne Zögern die Entscheidung getroffen werden. Die Früchte müssen gepflückt werden, wenn sie reif sind, sonst verfaulen sie.

Lebenswege verlangen Geduld

Was Geduld ist und wie notwendig sie ist, kommt aber erst dort richtig an den Tag, wo wir auf dem gewählten Weg ersten und größeren Hindernissen begegnen. Da zeigt sich, dass die Geduld nicht einfach in der Fähigkeit besteht, warten zu können, sie also Ausdruck eines eher passiven Temperamentes ist. Nein, sie erweist ihre Kraft gerade da, wo Verunsicherungen und Hindernisse mit der getroffenen Entscheidung auftreten. Hier wird deutlich, dass sie nicht, wie die Rede von der Lamms- oder Engelsgeduld unterstellt, eine Sache weicher Charaktere oder eine Tugend für die Passiven, für die Nachgiebigen ist, »gut für die Memmen«[24], wie es bei Shakespeare heißt. Nein, sie ist widerstandsfähig, wetterfest, ein Trutzgeist, der uns fähig macht, Hindernissen die Stirne zu bieten. Wo dieser Geist uns beseelt, werden wir gestärkt, um uns auch im Gegenwind behaupten zu können. Wir halten das gesteckte Ziel im Blick, auch wo die Sicht vorübergehend verdunkelt ist; streben danach, es zu erreichen, auch da, wo wir zu einem langsameren Tempo oder auf Umwege gezwungen werden.

Dass es, gerade für die Treue zu einem eingeschlagenen Lebensweg, die Geduld braucht, ist wohl offensichtlich. Vorankommen ohne Widerstände, offene gerade Straßen, reibungslose Abläufe sind im Leben eher selten. – Bedenken und erinnern wir uns nur kurz, wie wir in unserem Leben gesteckte Ziele erreicht haben. Im Beruf, in der Verfolgung eines Projektes, in der Gestaltung von Beziehungen. Wie? Durch eine glückliche Hand, durch gutes Gespür, durch Anstrengung? Selten wohl, ohne dass wir uns mühten und einsetzten, wir Hürden zu überwinden hatten. Leichter ging es immer, wo ein guter Stern über dem Unternehmen stand, wir einfach Glück hatten. War es schließlich der Geist Gottes, der uns half, das Richtige zu erspüren, dann war das, was sich in den Weg stellte, leichter zu erkennen und zu überwinden. Aber Hemmnisse, Blockaden, Sperren, sie blieben.

Die persönliche Erfahrung deutet auf ein allgemeines Gesetz hin: Wo immer es um größere Ziele geht, wo etwas Gutes ins Werk gesetzt werden soll, werden auch negative Gegenkräfte auf den Plan gerufen. Das Gute provoziert das Böse, weckt es, reizt es zu Widerstand. Es ist deshalb weise, mit solchen widerständigen Kräften zu rechnen, sich auch darauf vorzubereiten. Wo immer das Gute angestrebt wird, geht es nicht ohne zähen Einsatz, nicht ohne geduldiges

[24] Shakespeare, König Heinrich VI., 3 Teil I,1.

Dranbleiben. Die Dinge sind nicht einfach, nicht schnell und zügig zu haben, nicht mit einmaligem Großeinsatz, meist auch nicht auf einer geraden Ideallinie, die wir uns im Kopf zurechtlegen. Größere Klarheit über das, was zu tun ist, gewinnen wir nur dadurch, dass wir ständig, in Gedanken und Gebeten ohne Unterbrechung uns darum bemühen.

Noch deutlicher wird, was Geduld ist, wenn wir sie in der Wirkung betrachten, in dem, was sie in unserem inneren Erleben bewirkt. Sie ist ein Schutz gegen die maßlose Trauer und Niedergeschlagenheit. Aber wie? Rückschläge und Enttäuschungen, die wir bei der Verfolgung von Zielen erleiden, bleiben nicht ohne Folgen für die seelische Stimmung. Wo wir auf anhaltendes Unverständnis, auf zähen Widerstand stoßen, wo keine Anzeichen von Erfolg sich zeigen, da kommt einem der Mut abhanden, da machen sich Trauer und Resignation breit. Da ist es just die Geduld, diese starke Kraft, die sich nicht beirren lässt, die uns befähigt, uns gegen die Übermacht der Trauer zu schützen, Dämme zu bauen, wo sie ins Innerste einzudringen droht. Sie verhindert, dass die Trauer uns überschwemmt; sie hilft uns auf diese Weise, in noch so widrigen Umständen, klaren Kopf zu behalten und heiter zu bleiben. In diesem Sinne bedeutet die Geduld nicht den Ausschluss von energisch zupackender Aktivität, sondern Verhinderung von maßloser Traurigkeit und der Verwirrung der Herzen.[25]

Das Geschenk der Geduld

Es bleibt die Frage, woher uns Menschen die Kraft der Geduld zufließt? Ist es ein urwüchsiges Temperament? Ist diese Tugend uns schon mit dem jeweiligen Charakter gegeben? Ohne Zweifel gibt es Naturtalente, die robust gebaut

---

[25] Vgl. Josef Pieper, Vom Sinn der Tapferkeit, Werke IV, Hamburg 1969, 129ff.

sind, die ihre Wege quer durch alle Hindernisse suchen und finden. Instinktsicher und unverdrossen steuern sie auf ihre gesetzten Ziele zu. – Aber mag das Gemüt, mit dem diese Unverwüstlichen ausgestattet sind, noch so wetterfest und widerstandsfähig sein, die Kräfte der Geduld, die ihnen zur Verfügung stehen, sind nicht unbegrenzt. Von Natur aus reichen die Hoffnungen selten, um in allem, was uns an Widerstand, Leid, auch Sterbenmüssen zugemutet wird, hoffnungsvoll zu bleiben. Die sichere Gewähr, aber auch die Kraft, um sich in den Zumutungen des Lebens ein heiteres Herz zu bewahren, wächst uns Christen von anderswoher zu. Sie kommt nicht aus der eigenen Natur, sondern aus der Tatsache, dass der Geist Gottes, der uns in der Taufe ins Herz gegossen wurde, ein Geist der Stärke und der Geduld ist. Er ist es, der uns befähigt, »in der Hoffnung fröhlich zu sein, in der Bedrängnis geduldig, im Gebet beharrlich« (vgl. Röm 12,12). Dank dieses Heiligen Geistes wird es möglich, dass die Hoffnung nicht schwindet und die Trauer nicht übermächtig wird.

Wie diesen Geist der Geduld in uns entfachen? Durch autosuggestives Einreden? Durch Ermahnungen an uns selber? »Sei doch endlich geduldig!« Mit dem Erfolg, darüber selber noch nervöser und aufgeregter zu werden. – Oder wird Geduld sich einstellen, wo wir intensiv darum beten? Warum soll dies nicht möglich sein, vorausgesetzt, es handelt sich um ein beharrliches und geduldiges Gebet. Man erkennt gleich den Widerspruch, ja die mitschwingende Ironie im Gebet: »Lieber Gott, schenke mir doch die Geduld, aber bitte sofort!« – Auf welchem Weg immer wir zu Geduld kommen, ihr Erwerb ist offensichtlich selber eine Sache der Geduld. Nur durch viel Selbstermahnung, durch ständiges, geduldiges Gebet wird uns das geschenkt, was wir als langen Atem für unseren Weg brauchen.

Was ist gewonnen für das Thema? – Vom Ankommen am Ziel war die Rede, von der Treue bis zum Schluss, vom Durchhalten! Dass dies die Gnade aller Gnaden sei, ein Geschenk, ein großes Glück. Die Geduld, von der gesprochen wurde, ist unser menschlicher Beitrag, um dieses Geschenk zu empfangen. Es werden Herz und Hände bereitet, damit das Gelingen unseres Lebens von Gott empfangen werden kann. Tiefer werden wir mit unserem Leben versöhnt, wenn wir aufhören, es zu überfordern, wir unsere Ansprüche an Schnelligkeit und Perfektion mäßigen. Sind wir darin gelehrig, werden wir tiefer einstimmen in die Langsamkeit nicht bloß allen Wachstums der Natur, sondern auch freiheitlicher Pläne und Beziehungen. Die italienische Weisheit gilt für viele Bereiche der Wirklichkeit: »Chi va piano, va sano e lontano« (Wer langsam geht, geht sicher und weit).

Neue Wege in die Zukunft

Aus Umwegen und Sackgassen herausfinden, durch sie klug werden! Wie geschieht dies? Da sperrt sich vieles. Es mag einem zwar ständig durch Kopf und Herz gehen, dass sich etwas ändern müsste. Wir klammern uns an kleinste Hoffnungen, dass sich für Konflikte Lösungen zeigen, sich bessere und leichtere Wege auftun. Im Privaten, Beruflichen, Gesellschaftlichen. Und doch geschieht vielfach nichts oder zu wenig. Die Einsicht allein, dass eine berufliche Option oder der eingeschlagene Weg nicht befriedigt oder gar in einer Sackgasse zu münden droht, reicht offensichtlich nicht. Bloßes Einsehen im Kopf hat zu wenig Schubkraft, um eine Umkehr ins Werk zu setzen. Es mag zwar evident und sonnenklar sein, dass etwas geschehen muss, andere Lösungen überlegt werden müssen, aber mit allen noch so klaren Einsichten ist noch kein Fuß auf einen neuen Weg gesetzt.

Aber was braucht es denn, damit bessere Wege sichtbar und begehbar werden? Muss die Einsicht noch stärker, intensiver, auch schmerzlicher werden? Muss das Ungenügen, das wir in den gegebenen Situationen empfinden, uns innerlich noch stärker umtreiben, damit die Füße sich bewegen? Ist es, um ein Wort von Sören Kirkegaard zu variieren, erst das »Leiden am Wirklichen«, das die »Leidenschaft für das Mögliche« erweckt? In der Tat: Nicht selten wird etwas erst dann angepackt, wenn es nicht mehr anders geht, wenn die Unzufriedenheit ins Unermessliche wächst, der fade Geschmack an allem, was man tut, unerträglich wird.

Was hindert, neue Wege in den Blick zu nehmen? Die eigene Trägheit, die Angst vor Neuem, die äußere Unmöglichkeit, etwas zu ändern? Es mag hier oder dort auch eine skeptische Einstellung im Spiel sein, ein Misstrauen, das sich von Umkehr und neuen Wegen nicht viel verspricht. Es bleibe, so hätte die Erfahrung gelehrt, zweifelhaft, ob neue Wege wirklich eine bessere Lebensqualität mit sich bringen;

man sei deshalb wohl gut beraten, die Hoffnungen und Ansprüche herunterzufahren und sich mit dem Gegebenen zu arrangieren. Das größere Glück, das wir suchen, bestände in der Fähigkeit, sich mit zweitbesten Lösungen zu bescheiden und aus dem, was uns jetzt gegeben ist, mag es noch so wenig zu befriedigen, das Beste zu machen. Wer das in Fairness und innerem Frieden tun kann, muss nicht einfach schon zu denen gehören, von denen man nicht ohne Ironie sagt, sie seien »wunschlos unglücklich«.

Neues unter der Sonne

Wozu schließlich all diese Einwände und Bedenken, die wir hier gegen »neue Wege« sammeln und formulieren? Wollen wir damit den eigenen Gedankengang versperren? Sollen sie einfach als Projektionswand dienen, auf der die eigene Meinung klarer in Worte gefasst werden kann? Als Negativ-Folie sozusagen, um die eigene Überzeugung zu kontrastieren? In etwa ja.

Man kann gegen alles Neue im Leben skeptisch sein, es vielleicht auch aufgegeben haben, an der eigenen Lebenssituation konstruktiv zu arbeiten und sie zu verbessern. Aber wir wissen nur zu gut, dass mit solcher Passivität nichts gewonnen werden kann. Das Leben geht weiter, sein ständiger Ruf an uns bleibt, seine Fragen, seine Herausforderungen, aber auch seine Schönheiten. Immer wieder werden wir zum Mitmachen eingeladen, werden hineingezogen, geraten in neue Konstellationen, die uns Antworten abnötigen.

Es bleibt wahr, dass die Zukunft nicht in unseren Händen liegt, wir immer wieder auf Wege geführt werden, die wir nicht wollen, ohne unser Einverständnis, oft auch gegen unseren Willen. Und dennoch bleibt das, was uns die Zukunft bringt, nicht einfach unverfügbares Schicksal, ist nicht allein das Produkt einer stumpfen und namenlosen Fremdbestimmung. Was als Zukunft auf uns zukommt, ist immer auch das, was wir wollen, dass es werde. Wir sind Gestaltende, sind beteiligt, gefragt, reden mit, ob wir wollen oder nicht. »*Das Schicksal mischt die Karten und wir spielen.*«[26]

Anders gesagt: Das Schicksal und alles, was uns die Zukunft zuspielt, ist, so gesehen, nicht einfach unveränderlich und gesichtslos. Vieles bleibt unserer Verfügung und Gestaltung entzogen! Gewiss! Und dennoch treffen uns die Dinge nicht einfach so, wie es nach einem ewigen und schicksalsmäßigen Gesetz angeordnet ist; sondern auch so, wie wir uns treffen lassen. Auch die Art und Weise, wie wir die Zukunft empfangen, prägt diese Zukunft mit. Immer schon stehen wir in Beziehung mit dem, was auf uns zukommt, mischen uns in die Gestaltung der Zukunft ein, mit unserem Charakter und unserem Unbewussten. So wie es das tiefsinnige Wort von Novalis nahelegt: »*Schicksal und Gemüt sind Namen eines Begriffs.*«[27]

Die Zukunft ist immer auch das, was wir aus ihr machen. Deshalb wäre es falsch, sie von vornherein und global als eine Macht zu betrachten, die uns feindlich ist und uns bedroht. Sie wird sich uns so zeigen und so auf uns zukommen, wie wir es in unserer geistigen Haltung geschehen lassen.

Empfangen wir sie freundlich, werden auch die freundlichen Aspekte dessen, was wir Schicksal nennen, hervortreten. Trotz allem Anschein gibt es diese hellen Aspekte, diese freundlichen Fügungen. Es gibt die Gunst der Verhältnisse inmitten monotoner Zwänge eines Alltags, welche größere Freiheit und Stimmigkeit ermöglichen. Momente von Gnade, die etwas Neues eröffnen, die Anfänge positiver Lösungen in sich haben, Wege, auf denen wieder mehr Sinn und größeres Glück gefunden werden können. Es gibt sie, allem Skeptizismus zum Trotz, diese Spuren zu real größe-

[26] Arthur Schopenhauer, Aphorismen zur Lebensweisheit, Insel Verlag, Frankfurt/M., Leipzig 1976, 198.
[27] Novalis, Heinrich von Ofterdingen, Romanfragment, 1802.

rem Licht, das unser Leben erhellt. Objektive Veränderungen zum Bessern.

Um nur ein Beispiel aus dem Feld der Beziehungen zu nehmen: Freundschaften etwa! Es ist banal zu sagen, dass sie eine Entwicklung durchmachen und einem Gesetz des Wachstums unterworfen sind. Keine Banalität jedoch ist es, zu bedenken, wie eine Freundschaft einen Qualitätssprung erlebt, wie sie in eine neue und höhere Form der Vertrautheit gerät. Die Beziehung gewinnt einen höheren Wert, wo Freunde zu gestehen wagen, einander zu brauchen, aber auch da, wo sie (vielleicht zum ersten Mal) um persönlichste Dinge bitten, um schnelle Hilfe, um Rat, um Mitüberlegen eines Problems oder gar um gemeinsame freie Zeit. Da, wo sie solche eigene Angewiesenheit eingestehen, um Gutsein, Schonung und Zuneigung bitten, da wird im Buch der Freundschaft eine neue Seite aufgeschlagen, auf der zwar noch nichts geschrieben steht, die aber eine neue Hoffnung und einem neuen Glanz in sich birgt. Es mögen solche Erfahrungen sein, die Rainer Maria Rilke folgendes Gedicht schreiben ließen:

Ich lebe grad,
da das Jahrhundert geht.
Man fühlt den Wind
von einem großen Blatt,
das Gott und du
und ich beschriftet hat
und das sich hoch
in fremden Händen dreht.
Man fühlt den Glanz
von einer neuen Seite,
auf der noch alles werden kann.
Die stillen Kräfte prüfen ihre Breite
und sehen einander dunkel an.[28]

[28] Rainer-Maria Rilke, Rilke, Werke, Bd. 1, Gedicht-Zyklen, Zürich 1966, 85.

»Seht her, nun mache ich etwas Neues« (Jes 43,19)

Neues mag sich einstellen, nicht bloß im Feld der Beziehungen, auch im Bereich der Gesellschaft und der Politik. Menschen, die es gewohnt sind, die Wirklichkeit mit den Augen des Glaubens zu sehen, haben einen geschärften Blick für das Neue, das Gott in ihrer Umgebung und im eigenen Leben heraufführt und entstehen lässt. Er, der Herr der Geschichte, ist und bleibt für sie am Werk, hier und jetzt, gestern und heute und morgen. Er gestaltet Neues, aktiv und mit schöpferischen Initiativen, sagt selber von sich: »Sehet her, nun mache ich etwas Neues. Schon kommt es zum Vorschein, merkt ihr es nicht?« (Jes 43,19) »Von jetzt an lasse ich dich etwas Neues hören, etwas Verborgenes, von dem du nichts weißt« (Jes 48,6).

So verstanden hat also die Zukunft, die Gott mitgestaltet, schon begonnen. Was aus uns wird und was uns zuteil wird, ist geheimnisvoll schon da, ist bereits gegenwärtig, wenn auch noch verhüllt. Es ist Gottes Geist, der das Angesicht der Erde erneuert und der an den Tag bringt, was Gott im Dunkel schon für uns getan hat. Er wird es sein, der uns hinausgeleitet aus einer alten Welt, »uns hinausführt ins Weite« (Ps 18,20). Er »gibt unserer Seele große Kraft« (Ps 138,3), um dadurch dem ganzen Leben eine neue Richtung zu geben. All dies geschieht im langen Atem Gottes, in großer göttlicher Geduld. Ohne dass wir uns Rechenschaft geben, sind die göttlichen Dinge im Gange, wächst im Stillen aus kleinen Samen die Frucht heran. Eine neue Richtung zeichnet sich ab. Es ist wie bei einem großen Schiff auf hoher See, wo die Korrektur der eingeschlagenen Richtung sich nur allmählich anbahnt. Klein ist der Druck aufs Steuer und schon bewegt sich das ganze Schiff, ohne dass es direkt bemerkbar ist, in eine veränderte Richtung.

Die auf Gott vertrauen, bekommen neue Kraft

Gott sieht uns und führt uns auf neue Wege! Wie und mit welchen Mitteln? Gewiss durch Worte, menschliche, biblische, göttliche. Oft wird ein Wort, das zufällig und ohne tiefere Absicht gesprochen wird, zukunftsweisend und Orientierung gebend.

Nicht selten jedoch bereitet Gott die neuen Wege dadurch vor, dass er »eingreift« durch seine Taten und Fügungen. Oft muss das ganze Gebäude einer eingerichteten Ordnung erschüttert werden, müssen Fundamente ins Wanken geraten, damit wir Menschen bereit werden, andere Optionen zuzulassen, tiefer auf das zu hören, was Gott uns sagen möchte. Anders als durch diese eindeutige Sprache der Fakten, sozusagen den »angehobenen Ton«, kommt Gott nicht durch, kann sich nicht verständlich machen. Das Leid sei das Megafon Gottes, meint C. S. Lewis.

Was ist es denn, was Gott uns beibringen möchte? Was ist neu, was wir nicht schon kennen? Im Grunde wird uns nur etwas in Erinnerung gerufen. Seit Beginn ist es immer wieder an unser Ohr gedrungen, dass Gott Liebe ist, er mit einem unendlichen Interesse an uns hängt. Es ist also etwas Bekanntes, das wir hören, das uns aber offensichtlich noch nicht genug ins Herz gedrungen ist. Würden wir begreifen, was solche Liebe, mit der wir umgeben sind, bedeutet, wären wir schneller bereit, uns auf neue Wege führen zu lassen. Die Liebe nämlich, vor allem das Geliebtwerden, vermindert die Angst, auch die Angst vor der Zukunft. Diese bleibt zwar bestehen, verliert jedoch ihre dominierende und quälende Macht, die uns vor allem Neuen und Zukünftigem abschreckt.

Ist es nicht unser aller Erfahrung? Der Mut, nach anderen Perspektiven Ausschau zu halten, auch selber Dinge loszulassen und selbstkritisch mit dem eigenen Ungenügen der Vergangenheit umzugehen, dieser Mut wächst erst da, wo wir uns innerlich gehalten wissen. Erfahrungsgemäß lassen wir uns leichter auf neue Wege leiten, wenn uns jemand fest und verlässlich die Hand hält, uns jemand ermutigt, vielleicht sogar selbst ein Stück Weges in die unbekannte Zukunft mitgeht. Wir werden bereit, vertrautes Gelände zu verlassen, auch der unbekannten Zukunft etwas Schönes abzugewinnen, wo wir nicht alleine sind.

So ähnlich bei der Erfahrung der Liebe Gottes. Wo Gott uns seine Liebe tiefer erfahren lässt, setzt er sozusagen die Bedingungen, damit wir uns auf seine Zukunftspläne einlassen können. Da fließt uns eine Kraft zu, die fähig macht, sowohl kritisch mit der Vergangenheit umzugehen, wie auch zuversichtlich den Fuß auf die Wege der Zukunft zu setzen. Geliebt-Werden macht Veränderung möglich! Es ist Befähigung, ja Nötigung zu Neuem, und zwar in einem solchen Maße, dass wir es gleichsam nicht mehr länger ertragen, dunkle und glücklose Wege weiterzugehen. »Kehre uns, Herr, dir zu, dann können wir uns zu dir bekehren. Erneuere unsere Tage, damit sie werden wie früher« (Klgl 5,21).

Die Liebe Gottes ist wirksam, sie ist bestätigend zuerst, dann auch reinigend; sie ist nicht allein Annahme, sondern auch Herausforderung, nicht ansprechend nur, sondern auch anspruchsvoll und verbindlich. Sie verlangt Abkehr von falschen Handlungen, brennt in unserem verkehrten Verhalten, reinigt unsere Absichten und unsere Gleichgültigkeit.

So haben viele Auswege aus schwierigen Situationen ihren Anfang in uns selber: In einer neuen Erfahrung der Liebe Gottes, wodurch wir uns selber neu geschenkt werden. Besser wird uns gelingen, uns mit allem, was wir sind, anzunehmen, die Geduld aufzubringen für kleine mögliche Schritte. So können sich Kurskorrekturen anbahnen und werden Wege möglich, auf denen mehr Sinn und Freude erfahren werden können.

Epilog:
Umwege zu Gott

Ein Bild von C. S. Lewis mag zum Schluss einige wesentliche Aspekte unseres Themas zusammenzufassen.

»Nehmen wir an, wir wandern über einen Berg in unsere Heimat. Am Mittag erreichen wir den Gipfel eines Felsens, auf dem wir dem Dorf räumlich sehr nahe sind, denn es liegt genau unter uns. Wir könnten es mit einem Steinwurf erreichen. Doch da wir keine geübten Kletterer sind, können wir nicht geradewegs hinuntersteigen. Wir müssen einen weiten Bogen, vielleicht einen Umweg von mehreren Kilometern auf uns nehmen. An manchen Punkten dieses Umweges sind wir statisch weiter von unserem Dorf entfernt als oben auf dem Felsen. Aber nur statisch. Dynamisch gesehen sind wir dem warmen Bad und dem Abendbrot viel ›näher‹ gekommen.«[29]

[29]   C.S. Lewis, Was man Liebe nennt, Basel/Gießen ⁶1988, 11–12.

Auf Umwegen zum Ziel

Was heißt es, dem Heimatdorf, dem Ziel des Lebens näher kommen? – Am Rande des Felsens sind wir unserem ersehnten Dorf zwar nahe, könnten versucht sein, dort, auf diesem Vorsprung des Felsens, sitzen zu bleiben. Wir könnten den schönen Ausblick genießen, hätten Augenkontakt und blieben mit dem Ziel verbunden. Aber es ist klar: Wer sich hier nicht bewegt, wird niemals den Fuß in sein Dorf setzen. Und was den Weg dorthin betrifft: Wer kein guter Kletterer ist und sein Leben nicht unnötig riskieren möchte, bleibt gut beraten, den steilen Felsen zu meiden und den langen Marsch eines Umweges auf sich zu nehmen. Äußerlich und geografisch wird er sich damit zwar von seinem Dorf entfernen, wird unter Umständen auf Landstraßen geraten, die ihn in umgekehrter Richtung führen und zeitraubend sind. Aber sie sind der einzige Weg, der ihn nach Hause bringt, vorausgesetzt, dass er in seinem Herzen die Sehnsucht nach dem Heimatdorf bewahrt und nicht verliert.

So mag dieses Bild vom Umweg dazu dienen, etwas vom Weg unseres Glaubens zu illustrieren und zu begreifen. Wir nähern uns Gott auf einem großen Um- und Lernweg des Lebens, werden ständig genötigt, Bilder von seiner Wohnstatt und seinem Wesen zurückzulassen und zu vergessen. Wir können Gott weder unmittelbar sehen noch begreifen. Das Einzige, das uns der Glaube in dieser Sache lehrt, ist dies, dass er, der unendlich Gütige und Erhabene, immer größer ist als alle unsere Bilder. Er geht uns auf dem langen Umweg voraus und weist uns den Weg. Nicht als einer, den wir mit unserem Verstand und unserem Herzen begreifen könnten, als einer, den wir irgendwann einmal definitiv gefunden hätten, sondern als einer, nach dem wir uns in wachsendem Maße sehnen und dessen Gesicht wir einst zu schauen hoffen. Wo immer uns ein Strahl dieser göttlichen Gegenwart auf dem Wege trifft, wo weniges wir nur begreifen, da hat dies keinen anderen Sinn, als dass wir mit diesem wenigen Licht weiterwandern, Gott tiefer noch und intensiver suchen.

Wie es Paulus von seiner Nachfolge Jesu schreibt: »Nicht, dass ich es schon erreicht hätte oder dass ich schon vollendet wäre. Aber ich strebe danach, es zu ergreifen, weil auch ich von Jesus Christus ergriffen worden bin« (Phil 3,12).

Versuchung der Abkürzungen

Versetzen wir uns nochmals zurück auf den Felsen mit dem direkten Blick auf das Heimatdorf. Wer würde da, wo er hinunterschaut, nicht versucht sein, diese sich darbietende Abkürzung zu ergreifen und den Abstieg durch den Felsen zu wagen, auch wenn er ein wenig Angst macht und gefährlich ist. Der unmittelbare Blick auf das Ziel, die Griffnähe, die schnelle Lösung, all das lockt und hat etwas Verführerisches an sich. Es lässt vergessen, dass der direkteste Weg, sowohl im Leben ganz allgemein wie aber auch im Glauben, nur ganz selten der richtige und der gute ist, dass unsere Heimkehr ins Dorf über viele dunkle Wege führt, die keinen direkten Sichtkontakt zum Ziel erlauben, die lang, beschwerlich und zeitraubend sind und uns auch da, wo sie vom Ziele wegzuführen scheinen, dem Heimatdorf näher bringen. Kein schnelles Durchklettern durch den Fels, stattdessen ein mühseliges Auslaufen eines großen Umweges, der selber wieder Irrläufe und Abzweigungen mit sich bringt.

Es sind Wege des Glaubens, die große Geduld erfordern. Sie lehren uns, langsam, Schritt um Schritt uns vorwärtszubewegen, uns Zeit zu lassen, um die jeweilige Gnade und Aufgabe eines Wegabschnittes zu begreifen und darauf zu antworten. Es mag uns dabei aufgehen, dass es auf diesem großen Umweg, der ein Weg des Lernens, nicht selten des Leidens ist, Passagen gibt, die wir nur im Schritttempo durchqueren können, wo wir vielleicht haltmachen müssen, um neuen Halt zu gewinnen und uns zu vergewissern, wo wir stehen und wo es weitergehen soll. Es gibt auf diesen Lebens- und Glaubenswegen Zeiten, wo solche Pausen sich nahelegen, wo nichts mehr geht, nicht vorwärts nicht rückwärts, es einfach in Geduld zu warten gilt. Es ist just diese Geduld, die es braucht und die wir auf diesem großen Bogen, den wir auf das Ziel hin abschreiten, zu lernen haben. »Denn wir wissen, Bedrängnis bewirkt Geduld, Geduld aber Bewährung, Bewährung Hoffnung. Die Hoffnung aber lässt uns nicht zugrunde gehen« (Röm 5,3f).

Die Such-, oft auch Leidenswege, die wir geneigt sind als unnütz zu betrachten, werden oft zu den normalen Wegen und sind nicht selten die göttlichen Abkürzungen. »Es ist nicht wahr, dass die kürzeste Linie immer die gerade ist.« Diese Behauptung stellte Gotthold Ephraim Lessing im Paragraf 91 seiner Schrift »Die Erziehung des Menschengeschlechtes« auf. Er meint mit diesem Satz ausdrücklich die »ewige Vorsehung« und bittet sie: »Lass mich an dir nicht verzweifeln, wenn selbst deine Schritte mir scheinen sollten zurückzugehen!« Und gleichsam als Bekräftigung fügt er dem zitierten Satz hinzu eine Lebensweisheit, die fast jeder schon auf seinen Wegen bestätigt gefunden hat: Nicht immer ist es der direkte und der kürzeste Weg, der im Leben zum Ziele führt.

Wahrscheinlich werden wir nie aufhören, an unseren Lebenswegen, die wir geheimnisvoll gewählt haben und geführt wurden, herumzurätseln und herumzudeuten. Halb kopfschüttelnd, verwundert und wieder staunend, bald in Protesten, bald wieder in Zustimmung. Wir werden die gegangenen Wege immer wieder betrachten, werden uns selbstkritisch fragen, wie und warum die langgezogenen Kurven notwendig waren, ob schließlich der Preis, den wir für erreichte Ziele bezahlten, nicht zu hoch war, ob es nicht leichtere, schnellere und vor allem mühelosere Umwege gegeben hätte, um unserem Ziel näher zu kommen. Aber es bleibt wahrscheinlich, dass wir das Leben und vor allem den Willen Gottes nicht anders kennenlernen als im geduldigen Ausschreiten mühsamer Lernwege. Es klingt wie ein Gesetz einer Lebensökonomie, was Romano Guardini treffend zusammenfasst: »*Das Lebendige braucht mehr Zeit als das Leblose, das Lebendige muss Zeit ›verlieren können‹. Es darf nicht vom Maß der Zeit bedrängt werden, es muss spielen, sich unnütz benehmen, Umwege machen können. Umwege und Aufenthalt sind in seinen Werten ebenso wichtig wie Näher-Kommen und Vorangehen; und das Tun des Überflüssigen ebenso notwendig wie die Hinordnung auf den Zweck.*«[30]

[30] Romano Guardini, Glaubenserkenntnis. Versuche zur Unterscheidung und Vertiefung, Mainz/Paderborn, 3. Auflage 1997, 25.